W0039433

Oliver Leisse

SO GEHT ZUKUNFT

Wie Du erkennst, was kommt, und weißt, was zu tun ist

Inhaltsverzeichnis

SEHEN.

Sehen: Du kannst in die Zukunft schauen.

Eine kleine Einführung, wie man die Zukunft erkennen kann und weshalb mir dieses Buch für Dich am Herzen liegt.

Impulse und Einsichten für Deine Zukunft.

Ende März 2020. Von jetzt auf gleich stehen weltweit Millionen Menschen ohne Jobs da, sind Eltern von Home-Office plus Home-Schooling überfordert; steht das öffentliche Leben vom einen auf den anderen Tag still. Die weitreichenden Folgen für die Wirtschaft sind überhaupt nicht absehbar.

Wir alle sind betroffen und stehen immer noch ein wenig im Dunkel. Unsere Zukunft muss neu angedacht werden.

2020 hat uns wie schon lange kein Jahr davor gelehrt, dass es nur eins gibt, das sicher ist: die Unsicherheit.

In unsicheren Zeiten braucht man jemanden, der mit einer Laterne erst einmal in alle Richtungen und vor allem in die dunklen Ecken leuchtet. Man kann zwar nicht jeden Stein umdrehen, aber sich auf die größten konzentrieren. Daher werde ich versuchen, Dir meine Perspektive zu vermitteln, meine Sicht auf das, was passieren wird. Das mache ich bewusst eher in der Breite, nicht so sehr in der Tiefe.

Wenn es mir gelingt, Dich für ein Thema zu begeistern, umso besser, da kannst Du dann einsteigen und es für Dich vertiefen.

Liebe*r Leser*in, ich schätze Dich, habe Respekt vor Deiner persönlichen Leistung und vor Deinem Alter. Bitte nimm mir nicht übel, dass ich hier das vertrauliche Du nutze, um Dich anzusprechen.  Ich finde das etwas verbindlicher, wir kommen uns trotz der nur gedanklichen Verbindung näher.

Und keine Angst: Es wird bei aller Unsicherheit eine großartige Zeit, die auf uns zukommt – und ich würde Dich gern mit vielen guten Einsichten dabei unterstützen, sie für Dich möglichst gut zu nutzen.

Darauf kommt es jetzt mehr als alles andere an – zu verstehen, was auf uns zukommt, und dann mithilfe der richtigen Impulse und Anregungen zu handeln. Viele Unternehmen tun sich hier schwer, sie sind zu langsam und wissen nicht, was die Menschen wirklich wollen.

Ich erinnere mich immer noch gern an ein Interview, das Steve Jobs 2007 gegeben hat. Gerade hatte er das iPhone vorgestellt. Er wurde gefragt, welche Produkte aus seiner Sicht in der Zukunft erfolgreich sein werden. Er hatte natürlich eine Antwort. Er sagte, dass seien die Produkte, die den Menschen helfen, durch die kommenden Herausforderungen zu navigieren. Und die müsse man gar nicht bewerben, sondern die Menschen würden selbst erkennen, dass sie hilfreich sind. Das war zu einem Augenblick in der digitalen Entwicklung, als noch alle über das iPhone lachten und etwa Nokia sich nicht mal die Mühe machte, die Geburt des Smartphones zu kommentieren. Aber viele Menschen fanden das iPhone hilfreich. Heute ist es eine Art Universal-Fernbedienung für unser Leben. Steve Jobs' Aussage erreichte mich damals. Und das ist genau das, was ich auch mit diesem Buch bezwecke: dir zu helfen, besser durch die kommende Zeit zu kommen.

Kann ich das? Vielleicht. Seit 2000 beschäftige ich mich intensiv mit den hochspannenden Entwicklungen der Zukunft. Ich kam damals aus der Werbung. Ja, ich habe auch für Waschmittel Konzepte geschrieben (langweilig), aber auch fünf Jahre für Apple Strategien für die Kommunikation entwickelt – und sogar einmal in Apples Hauptquartier in Cupertino ein Konzept präsentiert (äußerst kurzweilig).

Nach vielen Jahren in der Kommunikation hatte ich Lust auf was Neues. So habe ich dann 1998 mit zwei Partnern ein Online-Marktforschungsunternehmen gegründet (langweilig), dann aber 20 Prozent der Anteile an einen Investor verkauft (äußerst kurzweilig). Von solchen Deals kann man heute bei Investoren-Shows im Fernsehen nur träumen. Und das Unternehmen, das wir damals gründeten, gibt es heute, über 20 Jahre später, immer noch.

Ich habe mich damals mit meinen Partnern für Online-Marktforschung, mehr aber noch für Zukunftsforschung interessiert. Denn was gibt es Spannenderes, als zu erkennen, was alles auf uns zukommt, um dann die logischen Schlüsse zu ziehen? In der Werbung kümmert man sich darum, wie man die Nachfrage, die es gibt, bedient, indem man die Produkte begehrenswert gestaltet oder mit Bedeutung auflädt. Aber was sind die Produkte, die die Menschen morgen haben wollen? Wie erforscht man

Zukunft? Wie kann man Menschen und Unternehmen auf die Zukunft vorbereiten?

Robert Jungk, einer der ersten deutschsprachigen Zukunftsforscher, hat bereits 1952 gesagt:

»Das Morgen ist schon im Heute vorhanden, es tarnt und entlarvt sich hinter dem Gewohnten. Die Zukunft ist keine sauber von der jeweiligen Gegenwart abgelöste Utopie: Die Zukunft hat schon begonnen. Aber noch kann sie, wenn rechtzeitig erkannt, verändert werden.«

Aha. Also müssen wir nur das Heute besser verstehen, dann würden wir das nahe Morgen erkennen? Genau. Du siehst, ein einfacher Gedanke, aber mächtig. Und leider nicht ganz leicht in der Umsetzung.

Anfang des Jahrtausends zog ich mich hoch motiviert (und mit wenig Ahnung) mit einem kleinen Team für knapp ein Jahr nach Kapstadt zurück. Von dort baute ich ein Netzwerk von Mitarbeiter*innen in aller Welt auf, eine Community sehr guter Zukunftsanalyst*innen in 50 Metropolen.

Mein Team und ich befragen Menschen in aller Welt, was sie wollen, wie ihre Einstellung ist, was sie sich wünschen und was sie gerade nicht so gut finden. Wie entstehen eigentlich Trends? Ich habe da jetzt 20 Jahre Erfahrung und eine klare Antwort. Es ist nicht so, dass Unternehmen in der Lage wären, von sich aus in der kreativen Bastelecke Trends zu kreieren. Trends sind immer die Folge von Wünschen und Bedürfnissen in der

Gegenwart. Eine erst noch unkonkrete Nachfrage nach einem neuen Angebot entsteht. Dann treffen erste Angebote eher zufällig die Wünsche der Menschen – und dann geht es los. Ein neuer Trend entsteht. Verkürzt gesagt: Die Menschen lieben Kaffee, aber das Angebot war ärgerlich undifferenziert. Immer dieser olle Filterkaffee. Dann kommt Starbucks in den 1970er-Jahren daher und kann die latente Nachfrage nach einem leckeren, individualisierbaren Kaffee befriedigen. So erfolgreich, dass es jetzt ca. 30 000 Starbucks-Filialen in 80 Ländern gibt.

Starbucks markierte indirekt auch den Beginn meiner Arbeit in der Trendforschung: 2001 war unser erster Kunde Nestlé. Dort wollte man wissen, was da mit Starbucks für ein Konkurrent heranrollt und wie er den Markt verändern würde. Daraufhin analysierten wir den Kaffeekonsum weltweit nach Marken, Ritualen und Trinkweisen, um herauszufinden, welche Bedürfnisse Nestlé für seine Kund*innen bedienen könnte, um als globales Unternehmen weiterhin eine wichtige Rolle zu spielen.

Ich erinnere mich an den Report einer Mitarbeiterin aus Singapur. Sie hatte bei der Recherche entdeckt, wie manche Taxifahrer*innen dort ihren Kaffee trinken: Sie schütten ihn in eine Plastiktüte, fügen einen Strohhalm dazu und verknoten das wabbelige Ding am Außenspiegel ihres Taxis, damit bei der Fahrt nichts rausschwappen kann ... eine interessante Interpretation des Coffee to go. Der Konsument hat ein Bedürfnis und sucht nach Wegen, es zu befriedigen.

Es folgten viele spannende Projekte. Wir haben beim Q7 für Audi auf drei Kontinenten analysiert, warum die Menschen SUVs toll finden und wie man auf Basis dieses Wissens einen deutschen SUV auf dem internationalen Markt positionieren könnte.

Für REWE haben wir die Premium-Handelsmarke *Feine Welt* entwickelt, für die TUI neue Markenkonzepte, für Microsoft die Zukunftschancen für Browser und die E-Mail analysiert und für die Deutsche Bank haben wir die Filiale der Zukunft in Berlin mitentwickeln dürfen.

Tja, so war das, so bin ich zur Trend- und Zukunftsforschung gekommen.

Der Weg war steinig, denn beinahe wäre ich gleich am Anfang mit Vollgas in die Pleite geschlittert. Unser Start-up hatte hohe Kosten, aber keinen Investor. Ich hatte wenig bis keine Ahnung, wie man Venturecapital bekommen kann, aber unter Druck ist die Lernkurve dann sehr steil. Ich erinnere mich an einen Tag im Spätsommer 2000, alle Verträge waren mit einer Bank, die sich bei uns beteiligen wollte, unterschriftsreif verhandelt. An einem Freitag um 12 Uhr sollten wir dort mit einem Notar alle Verträge unterschreiben. Um 11:30 Uhr kam der Anruf, dass die Bank kalte Füße bekommen hatte. Der Deal platzte – und es wurde richtig eng. Wir haben dann parallel mit zwei Investoren verhandelt, um nicht wieder in die Abhängigkeit der Entscheidung nur eines Partners zu kommen. Wir bekamen im letzten Moment unsere Finanzierung – und alles ging gut.

Der Druck für uns alle steigt in diesen Zeiten. Aber wir lernen auch schnell, uns neu aufzustellen. Aktuell habe ich dieses Buch geschrieben, habe mit Partnern einen bio-zertifizierten Drink entwickelt und halte meine Vorträge erstmals online.

Sicher prüfst Du auch Deine Optionen, überlegst, was jetzt zu tun ist. Deine Lernkurve zeigt sicher auch gerade steil nach oben.

> **Wir müssen immer bereit sein, das Spielfeld zu wechseln. Jede Zeit hat ihre Herausforderungen, ständig öffnen sich neue Türen und alte schließen sich.**
>
> **Wappne Dich für die Zukunft, sie ist ein fließender Prozess und ich habe gelernt: Du bist morgen die Entscheidung, die Du heute triffst.**
>
> **Na ja, und morgen ist dann schon wieder alles anders und Du brauchst wieder neue Entscheidungen. Packe Deinen Rucksack, so gut es Dir gelingt, und stelle ihn in die Ecke, neben die Tür. Dann bist Du bereit, wenn es schnell gehen soll. Was Du in den Rucksack reinpackst, darüber werden wir in diesem Buch noch reden.**

Du kannst in die Zukunft sehen.

Ich kann Dir helfen, in Deine eigene und unser aller Zukunft zu schauen. Denn das, was mein Team und ich in den letzten 20 Jahren für viele Unternehmen gemacht haben, kannst Du auch, es ist kein Hexenwerk. **Bereite Dich einfach so gut wie möglich auf die Zukunft vor.**

Menschen schauen in den Himmel oder auf die Wetter-App und kramen dann einen Regenschirm aus der Garderobe hervor. Klar, das klingt für viele ein bisschen spießig, ist aber genau in dem Moment schlau, in dem es zu schütten anfängt. Deine persönliche Zukunftsforschung ist nichts anderes: Du musst Dich gründlich vorbereiten und den Himmel studieren, bis Du verstehst, welche Wolken wirklich nach Regen aussehen, wie stark der Wind bläst und ob es ein Gewitter gibt. Ein bisschen Übung und Du verstehst das Wetter – ein bisschen Eintauchen in die künftigen Entwicklungen und Du verstehst die Zukunft. Ob Du Dir als Vater Gedanken über die Entwicklung Deines Kindes machst, als Managerin überlegst, wie Du Dein Team führen kannst, wenn es von zu Hause aus arbeitet, oder als Produktentwickler*in neue Trends suchst – mit guter Vorbereitung fängt alles an.

Und das geht so:

1. Schaffe mehr Optionen.

Wenn ich damals nicht neugierig gewesen wäre, würde ich immer noch in der Werbung sitzen. Das, was ich jetzt mache, ist viel besser: Menschen und Unternehmen auf die Zukunft vorzubereiten. Wozu ich immer raten würde: **Probiere ganz viele Dinge aus und lasse Veränderung in Deinem Leben zu.**

Die Zukunft ist ein anderes Morgen. In dieser Dimension kann es sein, dass sich Deine alte Welt von jetzt auf gleich ändert. Dann sind mehrere Optionen eine gute Sache. Für Menschen aus der Gastronomie, Künstler*innen oder auch ganz konkret Angestellte bei der Lufthansa änderte sich Anfang 2020 durch die Pandemie das Spiel buchstäblich über Nacht. Lockdown. Nur wenn man für solch eine Zukunft vorbereitet ist, kann man nach Plan B agieren. Das muss vor allem die Tourismusbranche.

Die TUI etwa ist das größte Touristikunternehmen Europas, und die TUI kann aktuell auch nur Touristik. Wenn die Menschen aber nicht mehr reisen dürfen oder wollen – ob der Grund nun ein Virus oder die Entscheidung ist, die Umwelt zu schonen, dann gibt es keinen zweiten Plan. Die TUI hatte mal einen Plan und investierte in die Schifffahrt, verkaufte aber 2008 die Beteiligung am Hapag-Lloyd-Containerschifffahrts-Geschäft wieder und konzentrierte sich auf den Tourismus. Die TUI musste 2020 einen Hilfskredit von 1,8 Milliarden Euro aufnehmen.[1]

Mein Rat: Optionen aufbauen. Denn auch wenn ich versuche zu erkennen, was die Zukunft in der nächsten Zeit für uns bereithält – sie ist in ihrem Wesen unberechenbar. Daher gilt: Das, was wir gestern gelernt haben, kann morgen schon nicht mehr relevant sein. Was wir damals im Studium gelernt haben, ist heute vermutlich kaum noch von Wert. In seinem Buch 21 *Lektionen für das 21. Jahrhundert* stellt der israelische Historiker Yuval Noah Harari eine gute Frage: »Was sollte man heute einem 15-Jährigen raten?« Seine Antwort: »Höre nicht auf Deine Eltern.« Die wussten vielleicht in der Vergangenheit, was gut für ihre Kinder ist. Heute ist das altes Wissen, das nicht mehr ausreicht, um einen guten Rat zu geben – denn wir Eltern wissen ja selbst nicht, was in der nahen Zukunft passieren wird, und somit auch nicht, welche Ratschläge für unsere Kinder wirklich sinnvoll sind. Daraus folgt:

Studiere die Gegenwart und erkenne in ihr die Zukunft, so wie das Robert Jungk empfohlen hat. Dazu solltest Du für neue Optionen offen sein, wissen, wo Du suchen kannst, und ständig in neue Welten eintauchen.

2. Schau Dir an, was um Dich herum passiert.

Zum Beispiel, was die anderen gerade machen. Es gibt so viele spannende Zukunftsideen und Vordenker*innen, von denen wir lernen können. Tauche ein in die Denkweise des Visionärs Elon Musk, der mit Tesla der deutschen Automobilindustrie das

....
1   https://de.wikipedia.org/wiki/TUI#Geschichte

Fürchten gelehrt hat und der auf Hochtouren daran arbeitet, dass wir 2025 erstmals den Mars besiedeln können. Seine Botschaft: Alles ist möglich! Und er hat den Mut, immer wieder anzutreten, um die Beweise zu liefern. Vielleicht landet er auch noch mit uns auf dem Mars. Eines seiner etwas schrägen Zitate: »Ich will auf dem Mars sterben, aber nicht bei der Landung.«

Für viele ist Elon Musk ein Spinner, seinen im Juni 2020 geborenen Sohn nannten er und die Sängerin Grimes X Æ A-XII (der Name wird übrigens »X-Ash-A-Twelve« ausgesprochen). Doch er ist ein Genie. Elon soll nach Aussage seines Bruders schon als Jugendlicher zwei Bücher am Tag gelesen haben. Und zwar aus allen Sparten: Sachbücher, Romane, Technisches und Poetisches ... Er ist breit gebildet – und kein Spezialist, sondern ein Generalist. Eine gute Voraussetzung für eine Zukunft, die sich immer mehr in unzählige Herausforderungen auffächert – und die nicht nur eine Superfähigkeit von Dir fordert, sondern ganz viele.

Wir sollten von Visionär*innen lernen, aber auch selbst erkennen, was gerade vor unserer Nase passiert. Da hat man oft einen verstellten Blick. Ist es okay, was Deine Kinder lernen? Mache Dir selbst ein Bild davon, ob das reicht. Wenn nicht, hast Du schon einen Plan für die Zukunft und kannst Deine Kinder in den Bereichen, in denen die Ausbildung aus Deiner Sicht zu kurz kommt, unterstützen. Ist Deine Arbeit schlecht organisiert? Dann hast Du einen Anlass, darüber nachzudenken, wie es in der Zukunft besser gehen könnte – Du kannst mit

Mitarbeiter*innen über eine optimierte Organisation nachdenken oder bei Dir selbst anfangen.

3. Erkenne das große Bild (machbar!).

Elon Musk hat ganz viele Bücher zu unterschiedlichen Themen gelesen. Ich denke, einer der ganz wichtigen Hinweise von mir für Dich: Du brauchst Übersicht über die kommenden möglichen Entwicklungen. Dieses Buch kann nur ein kleiner Anstupser sein. Du brauchst neue Perspektiven, Bewertungen und Anregungen. Es gibt aktuell weltweit viel Medienschelte, weil manche Nachrichtensender nur einseitige Informationen anbieten. Wir brauchen, um in die komplexe Zukunft schauen zu können, ein möglichst genaues Bild. Das setzt sich aus vielen Quellen zusammen. Es gibt aktuell unendlich viele spannende Inhalte, die man mit ein paar Klicks im Netz entdecken kann. Wichtig ist ein breiter Horizont. Wenn Du Dich bisher immer nur für Technik interessiert hast, tauch doch mal in die Welt der Meditation ein oder lies einen Roman. Wichtig ist, dass Du die eigene Filterblase verlässt.

»Liest man, was alle anderen lesen, kann man auch nur das denken, was alle anderen denken.« – Haruki Murakami, *Naokos Lächeln*

Ein wenig Einsatz ist nötig, aber das Netz hilft Dir. Hier kommt mein Praxis-Tipp:

Du brauchst Anregungen. Als Brainfood und für neue Perspektiven.

Die gibt es zuhauf im Netz, Du musst sie nur sammeln. Was sind Deine Interessen? Mache Dir eine Liste und dann hol Dir eine dieser sehr hilfreichen Apps, die nach Deinen Wünschen Informationen aus dem Netz bündeln. Diese Apps nennt man RSS-Reader. Einen solchen Reader kannst Du als App auf dem Smartphone oder dem Tablet installieren und auch in Deinem Browser nutzen. Kostenlose und effektive RSS-Reader sind zum Beispiel Feedly, Inoreader, Newsify oder Flipboard. Es gibt natürlich noch andere, mit diesen habe ich persönlich gute Erfahrungen gemacht. Sie funktionieren so: Du kannst Inhalte suchen und Themen oder auch konkrete Medien eingeben, die Dich interessieren, und Dir so inspirierende neue Themen erschließen. All diesen spannenden Input abonnierst Du dann und behältst viele verschiedene Nachrichtenquellen automatisch im Auge. Ach ja: Abonnieren heißt nicht, dass Dir Kosten entstehen, sondern nur, dass die Quellen, die du ausgesucht hast, ständig aktualisiert werden.

News werden innerhalb Deines Suchrasters gesammelt und jeden Tag aktuell für Dich in diesen Apps zur Verfügung gestellt. Sehr praktisch. Ich gehe fast täglich durch dieses Tor in alle möglichen Welten auf Entdeckungsreise – rund um das Thema Zukunft. So verlasse ich jedes Mal meine Filterblase und öffne mich neuen Informationen. Ich bekomme auf einen Blick immer tagesaktuelle Infos aus Hunderten Quellen. Zum Beispiel bei Anbietern wie Techcrunch, Fast Company, Mashable, Voicebot.io, Designboom, Engadget. Ich lese Nachrichten aus der Gründer- und Techszene. Aber mich interessieren auch News aus der Medizinbranche, Hinweise, was es an neuen Serien bei Netflix gibt, oder Themen aus Asien, die mich sonst nicht erreichen würden: Finanzen, Wirtschaft, Lifestyle, Design, Ernährung, Architektur, Nachhaltigkeit und Umwelt … es gibt keine Grenzen!

Mit der Zeit habe ich mir so auch ein umfangreiches Suchnetz für die sogenannten Weak Signals angelegt. Das sind erste, noch schwache Hinweise aufkommender Veränderungen. Wenn diese schwachen Signale öfter auftauchen, noch dazu in mehreren Metropolen der Welt, kann es sich um eine Trendströmung handeln, die, wenn sie stärker wird, unser Leben oder zumindest Aspekte unseres Lebens verändern kann.

Wenn in immer mehr Metropolen der Welt Hafermilch und anderer veganer Milchersatz in den Regalen steht, weiß man zum Beispiel: Die Kuh hat bald weniger zu tun.

Eine der großen Zukunftsforscherinnen unserer Zeit, die Niederländerin Li Edelkoort, hat mal in Kapstadt auf einer Veranstaltung zu mir gesagt: »**Die Zukunft zu erkennen, ist einfach. Man muss es nur üben, man kann seine Erkenntnisfähigkeit für Zukunftsentwicklungen wie einen Muskel trainieren.**« Und das geht am besten, indem man sich möglichst breit informiert. Also los! Übrigens empfiehlt es sich, all die wirklich interessanten Beiträge, die Du aufspürst, zu sammeln, um sie vielleicht später noch einmal auszuwerten. Dafür gibt es Sammel-Apps wie Pocket, Evernote, Google Keep und andere, die Deine Auswahl archivieren oder sogar unter Themen-Stichworten organisieren. Da ich viele Vorträge halte, sammele ich meinen Input unter den Themenkategorien meiner Vorträge – zum Beispiel »Zukunft der Medizin«, »Neue Arbeit« oder »Entwicklungen im Handel«.

Lerne aus der Gegenwart, die Zukunft zu erkennen. Das gelingt immer besser, je mehr Du übst. Setze bitte nicht nur auf eine Option, halte Dir einen Plan B bereit. Die Zukunft ist letztlich unberechenbar. Ohne eine breite Informationsbasis geht nichts. Bewege Dich raus aus dem Echo-Raum der immer gleichen, Dich immer in alten

Mustern bestätigenden Informationen. Lass die Blase platzen und leuchte in alle Ecken, indem Du viele Informationsquellen anzapfst. So ergibt sich ein neues, ganzheitlicheres Bild, und wenn Du nun zurücktrittst und es mit etwas Abstand betrachtest, entdeckst Du in ihm ganz robuste Hinweise auf Deine Zukunft.

STARTEN.

Starten: Das Unsicherheits-Paradox.

Im zweiten Kapitel geht es um den Kern der Krise, das um sich greifende und alles durchdringende Gefühl der Unsicherheit, das auch Chancen in sich birgt: Es drängt uns zum nötigen Aufbruch.

Die beispiellose Situation.

Es sollten die Goldenen Zwanziger werden. Wenn man sich die Situation im Sommer 2020 im Handel ansieht, in der die Kassierer*innen in Kabinen sitzen, geschützt von Plexiglas, werden das wohl eher die Plexiglas-Zwanziger. Nicht nur der Einkauf macht einigen keinen Spaß mehr. Das Leben hat sich in dieser Zeit völlig verändert. So hatten wir uns das nicht vorgestellt.

Was ist passiert?

Wir hatten die Weihnachtszeit 2019 gerade noch im totalen Konsumrausch erlebt. Meine Kund*innen waren auf der Suche nach der Produktvariante, die die verwöhnten Kund*innen jetzt noch interessieren könnte. Sie neugierig machen in einer Welt, in der Aufmerksamkeit die knappste Ressource ist.

Was kann man jetzt noch an Geschmacksvarianten kombinieren, damit mein Drink im Regal interessanter wird? Oder sollten wir etwas herausnehmen, weil »frei von«, also das Signal der Reinheit, gerade im Trend ist? Wir als Trendforscher*innen werkelten mit Kund*innen an Lösungen für den sogenannten roten Ozean.

Der rote Ozean ist ein Bild, das die Autoren der *Blue Ocean Strategy* entwickelt haben, W. Chan Kim und Renée Mauborgne.[2]

Es geht darum, dass die meisten Märkte ziemlich vollgestopft sind mit sehr ähnlichen Angeboten. Es gibt nur noch kleine Verbesserungen, und die vielen Konkurrenten zerfleischen sich gegenseitig. Wie zu viele Haifische in einem zu kleinen Ozean. Deshalb ist dieser Ozean rot.

Besser ist es, neue Ozeane zu finden, mit einem ordentlichen Innovationsvorsprung, und sich in diesen unbedrängt zu entwickeln. Das geht natürlich nur so lange gut, bis immer mehr Konkurrenten auftauchen, es immer enger wird und der Kampf von vorne beginnt.

Ein Beispiel? Nintendo kommt am 3. März 2017 mit der mobilen Spielekonsole Switch auf den Markt. Die ist technisch den bestehenden Konsolen im Markt deutlich unterlegen. Die Konkurrenz jubelt. Zu früh. Denn die Switch erreicht auf einmal eine neue Zielgruppe: Die Casual Gamer*innen, die hochwertige Spiele einfach zwischendurch oder auch unterwegs spielen wollen.

2 Kim, W. Chan, und Mauborgne, Renée: *Der Blaue Ozean als Strategie: Wie man neue Märkte schafft, wo es keine Konkurrenz gibt*, Carl Hanser Verlag 2005

Im Zug, mit den Kindern bei Regen in der Ferienwohnung. Also kreiert Nintendo mit der Switch einen blauen Ozean. Aktuell gibt es noch keinen weiteren Dickfisch in diesem Ozean, die Aktien von Nintendo steigen.

Die Situation Ende 2019? Überall sind die Märkte übervoll, die Ozeane blutrot. Es war schon vor der Pandemie schwierig.

Wohin man blickte: Produkte, die auf sich aufmerksam machen wollten, und dort, wo es an Kreativität in der Innovationskraft und Intelligenz im Marketing fehlte, gab es dann Rabatte und Schnäppchen-Angebote, um die Kund*innen doch noch zum Kauf zu drängen.

Und dann kommt die Corona-Krise – und die Konsument*innen nehmen ein Blatt vor den Mund und gehen erst einmal in sich. Das Blatt ist die Maske, die nötig ist, damit die Ansteckungsgefahr sinkt, es ist aber auch ein Symbol:

Weniger Kommunikation. Kein Lächeln zu sehen, sondern nur eine Stirn, die oberhalb der Maske in Sorgenfalten liegt. Und der Markt merkt es in diesem Jahr: Die Kauflust erlischt. Märkte brechen ein – im Fashionbereich in Deutschland ging der Umsatz in der Spitze um bis zu 71 Prozent zurück.

Der Premiumbereich bricht ebenfalls ein. Selbst die in der Lockdown-Zeit noch offenen Drogerien berichten von Umsatzrückgängen.

Das Leben, die Wirtschaft, Beziehungen, Verkehr, alles bremst von 100 auf 0 herunter. Ansteckungsgefahr. Alles ist geschlossen.

Wir bleiben zu Hause. Ein irritierender Ausnahmezustand. Die Situation läuft blitzschnell und doch wie in Zeitlupe ab.

Der Satz, der so oft zu hören war:
Diese Situation ist beispiellos. Oder im Englischen: »unprecedented«.

Wir waren auf einmal Gestrandete in einer Welt der Unsicherheit, voller Masken, beunruhigender Nachrichten, leerer Straßen, geschlossener Restaurants und Flugzeugen, die nicht mehr fliegen. Dazu Bilder von Intensivstationen aus aller Welt, die uns in Panik versetzten, und dann auch noch ein Stakkato von Expertenmeinungen zu jedem Aspekt der Pandemie.
Eine besondere Melange. Wir können sie analysieren und einige Schlüsse für unsere Zukunft daraus ziehen.

Der Kern der Krise.

Wir haben viel mit unseren Mitarbeiter*innen in aller Welt gesprochen. Mit Stefan in Hongkong, wo man den Corona-Ausbruch mit drastischen Mitteln in der ersten Phase schnell in den Griff bekam und die Krise sofort und mit Kraft in eine Chance umdeutete: Hier schert man sich nicht um die Türen, die zugehen, sondern sucht die, die sich jetzt öffnen. Mit Ulrike in Dubai, die berichtete, wie professionell in dieser besonderen Metropole, die wie keine andere für Luxus und Konsum steht, mit der Situation umgegangen wird. Mit Katharina in Seattle, die sich von dort aus große Sorgen um Amerika machte. Ich selbst war im März noch in Kapstadt und machte mir ein Bild von der Stimmung in diesem europäisch-afrikanischen Schmelztiegel. Die Situation in den Townships war Mitte März noch entspannt, kaum jemand ahnte, was auf Südafrika noch zukommen sollte …

Ich bin heute der Meinung, dass der Kern der Krise mit einem einzigen Wort umfassend zu beschreiben ist:

Unsicherheit.

Der Kern der Krise ist ein Gefühl, es ist der Schock, der uns allen in den Knochen steckt:

Unsere Zukunft ist nicht mehr sicher.

Eine beispiellose Situation. Immer waren wir doch zumindest zu einem hohen Prozentsatz Herr oder Frau der Lage, zumindest gefühlt. Und dann das. Auf einmal sitzen wir nicht mehr auf dem Fahrersitz im Bus unseres Lebens, sondern rutschen einmal durch auf die hinteren Plätze. Und wir kennen weder Fahrer*in noch Ziel.

Rein sachlich betrachtet kann man die Krise bekämpfen. Medizinisch wird es sicher Lösungen geben. In der Prävention werden wir besser. Die Wirtschaft wird unterstützt, die Politik reagiert erstaunlich entschlossen, schnell und flexibel, wenngleich nicht sehr weitsichtig. Aber das Gefühl aus dem März 2020 wird uns noch lange in den Knochen stecken: Nichts ist mehr sicher!

Wir mussten es am eigenen Leib erfahren. Auf einmal, von jetzt auf gleich, kann sich alles verändern. Der feste Job wackelt, der Gang zum Lebensmittelladen wird zum Lauf über ein Minenfeld, der Aktienmarkt gerät ins Schwanken. Künstler*innen verlieren innerhalb von Tagen ihr Publikum. Ganze Flugzeugflotten bleiben am Boden, Reisen sind nicht mehr möglich und werden storniert. Aus Kreuzfahrtschiffen und Hotels werden Quarantänelager.

Auch ich bin persönlich betroffen. Ich halte normalerweise zu ganz unterschiedlichen Zukunfts-Themen an die 70 bis 80 Vorträge im Jahr. Auf einmal hatte ich keine Buchungen mehr, auch meine Zukunft schien plötzlich unsicher – und ich war doch eigentlich Experte!

Es gibt in dieser Lage auch tröstliche Perspektiven und einen neuen Aufbruch, und davon wird dieses Buch noch in aller Ausführlichkeit handeln. Das Wort Krise ist im Chinesischen übrigens aus zwei Zeichen zusammengesetzt: Gefahr und Chance. Es bleibt aber die harte Erkenntnis zurück: Wir können uns im Hier und Jetzt nicht mehr sicher fühlen.

Wir können nicht einmal richtig planen. Langfristige Prognosen, wie ich sie als Zukunftsforscher gerne anbieten würde, sind kaum möglich. Überraschende Ereignisse, disruptive Technologien, wer kann da noch allgemeingültige Aussagen treffen, die Planungssicherheit versprechen?

Es ist ein Paradox. Wir fühlten uns sicher – und waren es nicht. Man muss leider sagen: Unsicher ist das neue sicher.

Was ist zu tun? Wie können wir lernen, damit umzugehen? Wir müssen anfangen, uns der Unsicherheit zu öffnen. Zum einen, weil uns gar nichts anderes übrig bleibt, denn die Unsicherheit wird zur neuen Normalität.

Zum anderen, weil die vermeintliche Sicherheit der Vergangenheit direkt in noch mehr Unsicherheit führte. Viele Unternehmen hatten es sich zum Beispiel ganz gemütlich im ewigen Gestern gemacht. Das Credo dieser Unternehmen: Ja ja, wir wissen schon, wir müssten was tun. Digitalisierung, New Work, neue Geschäftsmodelle, Plattform-Ökonomie, Sharing und vieles mehr. Aber hey, die Kredite sind günstig und die Kund*innen kaufen doch noch das Zeug von gestern ...

Und das ist das Dilemma. Wir sind in Deutschland einfach schlecht vorbereitet, um uns in einer Phase der Unsicherheit, wie sie uns die Pandemie beschert hat, einigermaßen zuversichtlich und selbstbewusst zu bewegen.

Unsicherheit ist immer eine Herausforderung. Das ist bei uns sogar genetisch bedingt. Denn schon die Evolution steht gar nicht auf Unsicherheit, weshalb wir Menschen über eingebaute Sicherungen verfügen, die uns schützen sollen.

Kinder essen gern immer das Gleiche. Warum? Weil die Evolution uns gelehrt hat, dass es besser ist, die vertrauten roten Beeren zu essen und wenige Experimente zu machen. Neulich hat ein anderes Kind die grünen Beeren ausprobiert und jetzt ist es nicht mehr da ...

Auch bei meinem elfjährigen Sohn ist es einfach unmöglich, ihn an neue kulinarische Genüsse zu führen, selbst wenn wir als Eltern mit gutem Vorbild vorangehen. Was der Bauer nicht kennt, das frisst er nicht, heißt es nicht ohne Grund in dem Sprichwort.

Und auch wenn wir längst erwachsen sind, bleiben wir skeptisch. Neue Wege gehen? Lieber nicht. In der Frühzeit waren die neugierigen Draufgänger*innen, die auf dem Weg zum See mal die interessantere Route durch den Sumpf ausprobieren wollten, schnell verschwunden. Die Evolution lehrt uns: Immer auf erprobten Wegen bleiben. Dann geht es Dir gut, sonst gehst Du unter. Dabei ist es heute genau andersherum: Es gibt keine sicheren Wege mehr. Die sicheren Wege entpuppen sich als das gefährliche Sumpfland. Und auf der steilen Klippe, wo noch niemand war, gibt es diese leckeren Wildschweine im Überfluss. Aber man muss dann klettern lernen, neue Wege testen.

Die Welt ist eine andere, als sie in der Evolution vorgesehen war. Es gibt keine Säbelzahntiger mehr, sondern Superspreader*innen und unberechenbare Politiker*innen. Es gibt Künstliche Intelligenz und Roboter, die die kompliziertesten Bodenturnübungen elegant vorführen können. Die Welt ist nicht mehr planbar. Wir können aber dennoch mit dieser Situation umgehen und sie gestalten.

Wir sind in Deutschland ja ein Volk der Planer*innen. Fakten sammeln, sammeln, sammeln, sortieren, bewerten. Einen feinen Plan machen und den dann sorgfältigst umsetzen. Das Ergebnis ist dann als Flughafen Berlin Brandenburg (BER) zu besichtigen. Der sollte 2011 öffnen, aber man hatte sich verplant. Erst neun Jahre später nimmt er den Betrieb auf. Es geht auch anders – und es muss in der Zukunft auch ganz anders geplant werden. US-amerikanische Unternehmen arbeiten anders, agiler. Das heißt, sie arbeiten oft in Sprints, also in kurzen Prozess-Perioden. Dann ziehen sie ein schnelles Resümee: Wo stehen wir, was sind die aktuellen Bedingungen, wie machen wir jetzt weiter?

Man bewegt sich auf dünnem Eis und springt von Scholle zu Scholle. Auf jeder Scholle schaut man sich erneut um und bewertet das Ziel und den Weg immer wieder neu.

So hat Elon Musk zum Beispiel seine Tesla-Produktion angelegt. Die Autos bestehen aus wenig flexibler Hardware, aber einer Software, die sich stetig erneuert und damit immer wieder verbessert. So kann Tesla uns heute ein Auto verkaufen, das mit einem Elektromotor eine Wahnsinns-Beschleunigung hat (ich musste bei einer Probefahrt bei einem Kick-down tatsächlich spontan aufschreien, das war wie in der Achterbahn!). Aber das ist das Heute. Morgen setzen wir uns in dieses Auto und es kann dann ganz ohne unseren Einsatz autonom fahren, weil ihm eine neue Software aufgespielt wurde.

Der Startpunkt für die neue Zeit ist die Erkenntnis, dass nichts mehr sicher ist. Wir müssen uns der Unsicherheit öffnen, den unsicheren Weg erkunden, denn sonst tun es andere. Die einzige Chance ist, zu neuen Ozeanen aufzubrechen, sonst bleiben wir ewig im blutroten Ozean gefangen, der voller Haie ist. Dort, wo sich die Verlierer*innen aus aller Welt treffen und um das bisschen Rest-Zukunft kämpfen. Wir müssen jetzt mutige, ja riskante Entscheidungen treffen. Die können falsch sein, denn wir können nicht mehr auf Planung vertrauen, wir müssen auf Sicht fahren. Aber nur durch Entscheidungen tasten wir uns voran und erkennen im Nebel den richtigen persönlichen Weg. Nur wer entscheidet, kann Zukunft gestalten. Der Science-Fiction-Autor William Gibson hat einmal gesagt: »Die Zukunft ist schon da. Sie ist nur ungleich verteilt.« Nimm Dir Dein Stück jetzt. Denn morgen ist heute schon gestern.

Es bleibt schwierig. Die vier Krisen.

Ich will hier deutlich machen, weshalb wir um die Auseinandersetzung mit der Unsicherheit gar nicht herumgekommen wären, auch wenn es Corona nicht gegeben hätte. Das liegt daran, dass wir ja nicht nur eine Pandemie erleben, die unsere Gesundheit bedroht.

Nein, die Corona-Krise ist eher ein Brandbeschleuniger für all die Krisen, denen wir eh schon ausgesetzt sind. Jede dieser Krisen bietet uns auch große Chancen. Aber der Reihe nach.

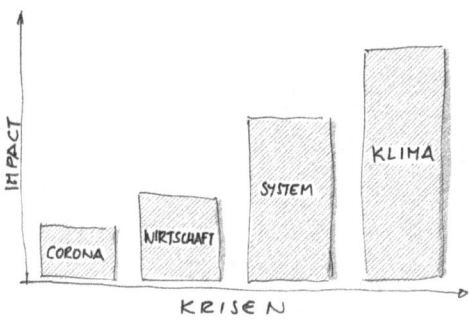

Die Corona-Krise.

Da gibt es zwei Ebenen. Die eine ist die faktische: Wir kämpfen mit der Bedrohung und waren auf eine solche Krise nicht vorbereitet – aber wer war das schon?

Die andere ist die emotionale Ebene. Der Leiter des Rheingold Instituts, das sich mit Markt- und Medienforschung befasst, Stephan Grünewald, analysiert als Experte die Situation in Deutschland und, konkreter, das deutsche Lebensgefühl. Ähnlich wie wir in der Zukunftsforschung führt er intensive Interviews mit den Menschen durch, um herauszubekommen, was sie fühlen, wovor sie Angst haben und was sie von der Zukunft erwarten.

Grünewald hat für sein Buch *Wie tickt Deutschland? Psychologie einer aufgewühlten Gesellschaft*, das im März 2019 erschienen ist, Tausende Interviews durchgeführt und kommt zu dem Schluss:

Wir Deutschen leben, wie viele andere westliche Staaten, in einer Art Auenland. In Anlehnung an das friedliche und knuddelige Land der Hobbits aus J. R. R. Tolkiens Buch *Herr der Ringe* leben auch wir im Idyll:

Stabile Wirtschaft, viele Konsumangebote. Viel Urlaub, ein engmaschiges soziales Netz. Die realen Nöte sind überschaubar. Ein Ärgernis, das Grünewald nennt, ist die enttäuschte Digital-Sehnsucht:

»Das Smartphone ist für die Menschen ein Zepter der Macht. Es verleiht ihnen einen magischen Zeigefinger. Im Handstreich können wir das Weltwissen ergoogeln, geschäftliche Transaktionen tätigen oder mit der App Tinder Liebespartner finden. Doch in der Realität ist der Single weiter einsam, die Kinder schreien weiter am Abendbrottisch, der Nachbar hat noch immer ein größeres Auto. Wir kippen so ständig aus der digitalen Allmacht in die analoge Ohnmacht. Und das erzeugt Wut.«[3]

Es läuft dennoch ziemlich gut. Wir leben im Auenland mit einer »Vollkaskomentalität«, wie Grünewald sagt.

Aber natürlich gibt es die Angst vor der anderen Welt, dem Grauenland. Dort gibt es die Flüchtlingskrise, den Terror. Und jetzt kann man noch eine Bedrohung hinzuzählen: die Pandemien.

....

3   www.rp-online.de/bestsellerautor-gruenewald-hat-ein-neues-werk-vorgelegt-
     vorsicht-vor-machos-und-schosshunden_aid-37414443

Wir waren nicht vorbereitet auf diese Pandemie hier. Denn wir hatten keine Ahnung, wie schlimm es werden würde. Wir hatten viele Meinungen und keine Masken.

Doch genau zum richtigen Zeitpunkt entdecken die Menschen weltweit eine Stärke: Wir halten in Krisenzeiten zusammen, sind sehr schnell sehr gut organisiert und halten uns an Regeln (auch wenn wir ständig über sie meckern). Aber das Wichtigste ist eben: Wir helfen einander.

Rutger Bregman, ein niederländischer Historiker, zeigt in seinem 2020 erschienen Buch *Im Grunde gut* am Beispiel verschiedener Kriege, dass das schon immer so war: Unabhängig zu welchem Staat sie gehörte, hielt die Bevölkerung umso enger zusammen, desto schwerer Angriffe und Bombardements auf sie waren. Was lernen wir daraus? In Krisenzeiten wächst die Bevölkerung zusammen.

Nehmen wir an, die Corona-Krise ist faktisch handhabbar und in ihrer Bedrohung begrenzt. Dann ist das Hauptproblem der Krise immer noch, dass sie wie ein Brandbeschleuniger gleich weitere Krisen auslöst, die schon länger vor sich hin schwelten. In den USA lässt sich das sehr gut beobachten: hohe Arbeitslosigkeit in einem ohnehin löchrigen sozialen Netz, denn mit dem Ende des Arbeitsverhältnisses läuft hier auch die Krankenversicherung aus. Ein Teufelskreis. In dieser Situation werden jetzt auch die alten Probleme überdeutlich, die man vorher, in den vermeintlich guten alten Zeiten, noch erfolgreich verdrängen konnte. Jetzt wird der tägliche, hässliche Rassismus demaskiert. Eine Welle der Wut schwappt über das Land und kein Stein bleibt auf dem anderen. Amerika ist gespalten und jetzt, in der Krise, wird das überdeutlich.

Auch in Deutschland gibt es eine Diskussion über Ungerechtigkeit und Ungleichheit während der Corona-Pandemie. Denn natürlich wurden nicht alle durch die Krise gleich hart getroffen. Mit finanziellen Reserven und einer großen Wohnung ausgestattet, kann man eine solche Zeit besser bewältigen als auf Kurzarbeit gesetzt und mit der Familie in eine kleine Sozialwohnung gepfercht.

Doch in dieser Zeit gibt es eben auch eine Renaissance des Wir. Nachbarschaftshilfen schossen überall aus dem Boden, die Menschen halfen einander schnell und ohne zu zaudern. Unternehmen zahlten Boni an ihre Mitarbeiter*innen, die im Lockdown arbeiten mussten, die Bundesregierung unterstützte überraschend schnell und unbürokratisch Selbstständige und kleine Unternehmen mit einem Zuschuss. Der Arbeit des medizinischen Personals wurde viel Respekt gezollt. All das lief nicht perfekt und auch das soziale Netz ist nicht perfekt, aber unter dem Strich kann sich das Ergebnis sehen lassen.

Markus Söder, der bayerische Ministerpräsident, hat von einem Charaktertest gesprochen. Die meisten von uns haben diesen Test bestanden.

Wir unterstützen uns in der Corona-Krise gegenseitig, es geht also. Diese Eigenschaft müssen wir uns bewahren. Nicht nur der Nächstenliebe wegen: **Wenn wir das Gefühl haben, dass wir einander vertrauen und auf gegenseitige Hilfe setzen können, dann ist es auch leichter, mit der Unsicherheit klarzukommen.**

Die Gefahr ist, dass wir von diesem guten Wir-Gefühl wieder zum Ich, zum Egoismus, zurückkehren. Das können wir nämlich auch gut, wie die Vergangenheit gezeigt hat. Solange wir im Ich stecken bleiben, wird es keine Zukunft geben – weder in Bezug auf eine nachhaltige und gerechte Wirtschaft noch in Bezug auf eine lebenswerte, vielfältige und offene Gesellschaft. Und schon gar nicht, wenn wir die Herausforderungen der Klimakatastrophe in den Griff bekommen wollen. Dazu brauchen wir ein weltweites, sich gegenseitig stützendes und helfendes Wir. Die Corona-Krise sollte uns Mut machen. Wir können die Welt zum Positiven verändern, wenn wir uns einig sind. Wir können das.

Wir lernen eine Menge aus der Corona-Krise – nicht nur dass wir uns mit der Unsicherheit arrangieren müssen. Auch, und das ist die Chance, dass es noch ein »Wir« gibt. Das sollte uns Hoffnung machen. Gemeinsam wird jede Krise überwindbar sein. Freuen wir uns über die Entdeckung der gemeinsamen Stärke und sehen sie als die Chance, gut durch die kommende Zeit zu navigieren.

Die Wirtschaftskrise.

Die nächsten Jahre werden auch in wirtschaftlicher Hinsicht nicht leicht. Im zweiten Quartal 2020 fällt das Bruttoinlandsprodukt um mehr als zehn Prozent im Vergleich zum ersten Quartal. Das ist der stärkste Rückgang seit Beginn der BIP-Berechnungen im Jahr 1970!

Es wird viele Insolvenzen geben und die haben nicht einmal alle mit Corona zu tun. Die Wirtschaftsleistung stagnierte bereits im Schlussquartal 2019, das gesamte wirtschaftliche Umfeld war schon vor der Corona-Krise schwierig: Hohe Unsicherheit herrschte auch im Weltmarkt, ausgelöst durch Handelskriege und einen unberechenbaren amerikanischen Präsidenten.

Es gab wenig Innovation und wenige neue Impulse. Viele Unternehmen haben in der Vergangenheit nötige Veränderungen aufgeschoben. Das konnten sie unter anderem, weil die Zinsen, abgesichert durch die Europäische Zentralbank, so günstig sind. Unternehmen, die eigentlich nicht mehr wettbewerbsfähig sind, nennt man in der Finanzbranche Zombie-Unternehmen. Also schon tot, aber sie machen den Eindruck, als könnten sie sich noch einigermaßen koordiniert auf dem Parkett bewegen. Das ist nicht gut, denn sie verhindern das, was Joseph Alois Schumpeter, ein legendärer österreichischer Nationalökonom, bereits in seinem erstmals 1942 auf Englisch erschienenen Werk *Kapitalismus, Sozialismus und Demokratie* die »creative destruction«, also schöpferische Zerstörung genannt hat: die Erkenntnis, dass eine Wirtschaftsstruktur von innen heraus revolutioniert werden muss. Die alte Struktur muss unaufhörlich zerstört werden, um unaufhörlich eine neue, bessere zu schaffen.

Von Zeit zu Zeit müssen sich die wirtschaftlichen Systeme erneuern. Dieser Prozess ist in Deutschland überfällig und hat jetzt begonnen. Womit sollen wir in Zukunft handeln? Die Welt muss unsere Produkte haben wollen, wenn wir als Exportnation eine wirtschaftlich erfolgreiche Zukunft haben wollen. Aber zum einen werden die Märkte in vielen Regionen der Welt noch viel stärker als unsere hier von der Corona-Pandemie getroffen, was bedeutet, dass dort die Nachfrage nach deutschen Produkten erst einmal sinkt. Zum anderen haben wir als Exportnation unser Talent zu Innovationen irgendwie vergessen: So fahren unsere Autos nicht mehr vorne mit, Elon Musk hat die Innovationsführerschaft übernommen und hat sein Unternehmen im Juli 2020 zumindest zeitweise zum wertvollsten Automobilunternehmen der Welt gemacht, noch vor Toyota. Und dass Schwarzwälder

Schinken und bayrische Dirndl für China die Exportdefizite ausgleichen können, ist leider eher unwahrscheinlich ...

Wo sind neue, nachhaltige Innovationen einer verantwortungsbewussten Wirtschaft? Hier gibt es eine Nachfrage, doch zu wenige Angebote, wir fahren immer noch mit Autos herum, die fossile Rohstoffe nutzen, die nur 30 Prozent der Energie in Bewegung umsetzen können, der Rest wird durch den Auspuff gejagt und belastet die Umwelt.

Und wenn wir schon beim Rundumblick sind, dann schauen wir bitte gleich auch mit hochgezogenen Brauen auf ganze Branchen, deren Systeme erneuert werden müssen. Die Lebensmittelbranche steht vor einer Umstrukturierung in Richtung Nachhaltigkeit. Banking ist wichtig, Banken sind es nicht, das hat Bill Gates schon 1994 gesagt. Auch Banken müssen sich neu erfinden. Der Tourismus muss nach der Pandemie von 2020 neue Geschäftsmodelle entwickeln, um nicht mehr nur auf die klassischen Urlaubstrips angewiesen zu sein, denn die können ja mit der nächsten Welle wieder vorbei sein. Der stationäre Handel muss was tun, er wurde schon vor fast 30 Jahren von der amerikanischen Zukunftsforscherin Faith Popcorn in ihrem 1991 erschienenen Trendreport[4] gescholten. Er beschränkt sich auf das Verteilen von Waren, hat eine große Auswahl, ein verwirrendes Produktangebot und bietet keine Erlebnisse und kaum Emotionen. Daran hat sich wenig geändert, der Handel muss sich grundlegend neu aufstellen oder der E-Commerce gewinnt langfristig das Spiel.

....

4   Popcorn, Faith: *The Popcorn Report: Faith Popcorn on the Future of Your Company, Your World, Your Life*, Doubleday 1991

Der *Popcorn Report* hat mich übrigens damals inspiriert, Zukunftsforscher zu werden. Ich verschlang das Buch. Zu der Zeit war ich bei der Werbeagentur BBDO als Berater für den Kunden Pizza Hut zuständig und ich erinnere mich noch, wie ich dem Unternehmen anhand der Popcorn-Trends Empfehlungen für die Zukunft geben wollte. Pizza Hut fand die prima – nur änderte sich nichts. Genauso läuft es mit dem Handel in Deutschland an vielen Stellen.

Und das Fazit? Das Fundament ist brüchig. Angebot und Nachfrage driften auseinander, wie ich es beim Thema Banken, Handel und Export schon angesprochen habe. Wieder ist meine kritische Sicht hier nur der Ansatzpunkt für positive Veränderungen. Nutzen wir die Chance, erfinden wir die Branchen – und vielleicht, wenn wir dabei sind, das ganze Wirtschaftssystem – neu. Die Verantwortung haben gar nicht nur die Unternehmen, die Politik oder die Wirtschaft. Wenn wir auf die Veränderungen von dieser Seite warten ... ich fürchte, dann können wir lange warten, es wird nicht genug passieren. Die Zeit des Wartens ist vorbei. *Wir* **sind die Marktteilnehmer*innen, die den Markt beherrschen. Was wir wollen, wird produziert.** Die Verantwortung liegt jetzt bei uns. Im Bankenbereich hat ein großes Filialsterben begonnen, etwa ein Drittel aller Bankfilialen wird geschlossen – weil wir diese Filialen nicht mehr wollen. Wir gehen da einfach nicht mehr hin. Die Banken reagieren mit neuen, besseren Angeboten, und so muss es in allen Bereichen der Wirtschaft passieren, um die Krise zu überwinden. Wir Verbraucher*innen werden aufgefordert, wieder mehr zu konsumieren. Die Mehrwertsteuer wird gesenkt, viele Milliarden Hilfsgelder gezahlt. Wir sollten in der Zukunft nicht wieder mehr, sondern die richtigen Dinge und Angebote konsumieren. Wir steuern und finanzieren das Spiel. Wir sollten die richtigen Entscheidungen treffen. Unsere Kinder werden uns danken (und eigentlich haben wir auch gar keine andere Wahl!).

> **Wir stehen auch wirtschaftlich vor einem Umbruch. Das ganze Wirtschaftssystem ist gestrig und nicht auf die Zukunft vorbereitet. Das ist kein Problem, sondern eine Chance, wenn wir ganzen Branchen helfen, sich neu zu erfinden. Von selbst wird sich nichts verändern. Wir, also Du und ich, müssen einen Neuanfang gemeinsam einleiten. Durch die Art, wie wir konsumieren oder eben nicht konsumieren, in der Art, wie wir die Probleme angehen – mit dem Mut, das Alte infrage zu stellen und kreativ zu zerstören, um eine neue, nachhaltigere und gerechtere Wirtschaft zu schaffen.**

Die Systemkrise.

Die Situation fordert nun eine Auseinandersetzung mit all den vielen offenen Fragen. Die haben sich in den vergangenen zehn Jahren angesammelt und sind immer dringlicher geworden. Und währenddessen haben unsere Politiker*innen – und wenn wir ehrlich sind, eigentlich fast jede*r von uns auch – den Kopf in den Sand gesteckt.

Aber es ist ein fundamentaler Wandel, der da auf uns zukommt, und es sind ganz wichtige Fragen, die unser System des Zusammenlebens betreffen. Fragen, deren Antworten so verdammt kompliziert sind, dass man erst mal gründlich nachdenken muss, um überhaupt nur zu so etwas wie einem Lösungsansatz zu kommen. Das ist unangenehm und niemand aus der Politik möchte mit seinen oder ihren Wähler*innen hier in die Diskussion einsteigen. Die Fragen sind aber notwendig und wir müssen aufhören, ihnen auszuweichen, sondern anfangen, uns ihnen zu stellen, um sie beantworten zu können. Zusammen.

Ich will hier nur ein paar dieser Fragen am Beispiel der Bildungskrise ansprechen.

Wie soll unser Bildungssystem an die neuen Anforderungen angepasst werden? Und das so schnell wie möglich? Was ist wichtig, was sollten unsere Kinder lernen und was nicht?

In den USA kennt man die »STEM fields«. STEM ist eine Abkürzung für »science, technology, engineering and mathematics«, also Naturwissenschaft, Technologie, Ingenieurwissenschaften und Mathematik. Bei uns in Deutschland reden wir von den MINT-Fächern, was ungefähr denselben Bereichen entspricht: Mathematik, Informatik, Naturwissenschaft und Technik.

Da hängen wir hinterher, aber das ist leider auch nur die halbe Wahrheit. Denn auch wenn wir führend in den Studiengängen wären, würde uns immer noch eine wichtige Fähigkeit fehlen: die Empathie, also die Fähigkeit, sich mitfühlend in die Wünsche der Menschen hineinzuversetzen. **Die empathische Innovationsfähigkeit kommt in der Ausbildung zu kurz, ist aber enorm wichtig für den Weg in die Zukunft.**

Empathie fehlt übrigens aus meiner Sicht auch im Silicon Valley. Hier findet man brillante Ingenieur*innen und Programmierer*innen, hochintelligente Techniker*innen, aber nur in der Unterzahl Menschen, die sich wirklich in andere Menschen hineinversetzen können. Eine Eigenschaft, die meiner Ansicht nach aber unerlässlich ist, wenn es darum geht, das nächste Level im großen Zukunfts-Spiel zu erreichen.

Ich hatte im letzten Jahr eine Anfrage von einem Unternehmen für ein Forschungsprojekt aus dem Silicon Valley, das ich leider ablehnen musste, es war einfach eine Nummer zu groß für uns. Im Kern ging es darum, dass das Unternehmen unter anderem technisch brillante Hardware herstellt, aber nicht immer das richtige Gefühl dafür hat, was die Menschen *wirklich* benötigen. Hier sollten wir helfen.

Für die Unternehmen der Zukunft geht es um das, was Du Dir wünschst. Und das kann man herausfinden, indem man sich in Deine Situation hineinversetzt, Dich fragt, was Dich stört, was Dir fehlt und was schon ganz gut funktioniert. So geht letztlich Zukunftsforschung – Deine Erwartungen sind das, was die Märkte morgen antreiben wird.

Um das herauszubekommen, müssen Unternehmen über Einfühlungsvermögen verfügen. Einfühlungsvermögen in die Situation der potenziellen Kund*innen und ihre Erwartungen und Wünsche ist einfach die wichtigste Fähigkeit eines Unternehmens.

Steve Jobs ist hier ein gutes Beispiel für einen Menschen, der zwar viele Probleme im Umgang mit anderen Menschen hatte, aber dennoch sehr feine Antennen dafür, was die Menschen wollten. Jobs war kein Programmierer – und erst recht kein Nerd, wie man denken könnte. Er hatte von Technik sogar eher weniger Ahnung, den Part übernahm sein Partner Steve Wozniak, genannt

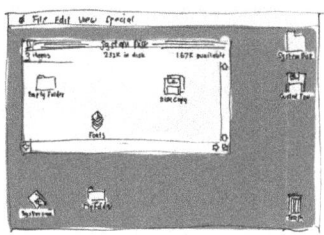

»The Woz«. Aber was Jobs wirklich draufhatte, war, die Bedürfnisse der Menschen zu erkennen und ihnen etwas zu geben, von dem sie gar nicht wussten, dass sie es brauchen würden. Ein Beispiel ist die grafische Benutzeroberfläche der Macintosh-Computer. Die hatte sich Steve Jobs bei einem Einblick in das legendäre Forschungszentrum von Xerox im Palo Alto Research Center (PARC) abgeschaut. Allerdings hatte er Xerox dafür auch recht ordentlich bezahlt, denn als Dankeschön durfte das Unternehmen vor dem Börsengang von Apple 100 000 Aktien für eine Million US-Dollar kaufen.

Jobs erkannte sofort die Bedeutung von dem, was er im Xerox-Forschungszentrum sah: den Prototyp einer grafischen Oberfläche, die er sofort für seine Computer übernahm und natürlich noch weiterentwickelte. Da gab es dann ansprechende Schriftarten, eine Schreibtischoberfläche mit Ordnern und einem Papierkorb. Eine Ausrichtung also an einer intuitiven Bedienung, an der Art, wie Menschen *wirklich* arbeiten. Das war der Grund für den Erfolg von Apple. Innovation hat immer mit Empathie zu tun. Nie mit Effizienz, Kostenminimierung oder Profitmaximierung. Das ist der Fluch der Manager*innen, die den Fokus in den vergangenen Jahrzehnten einfach falsch gesetzt haben. So haben wir in Deutschland zwar die Nase beim Ingenieurwesen vorn, aber verstehen gleichzeitig immer weniger, uns in Kund*innen und deren Wünsche hineinzudenken. Aber ohne Innovation haben wir nun mal nichts mehr, was wir exportieren können.

Fähigkeiten wie emotionale Intelligenz und empathische Innovation müssten neben den MINT-Fächern dringend an den Schulen gelehrt werden!

Wobei hier auch schon die nächste Systemfrage aufkommt: **Brauchen wir überhaupt noch Schulen?** So wie wir weniger

Krankenhäuser brauchen, wenn immer mehr Krankheiten besiegt werden, so wie wir keine Banken mehr brauchen, weil das Banking überflüssig wird, wenn wir uns Techniken wie der Blockchain bedienen können, so wenig brauchen wir in der Zukunft vielleicht noch Schulen. Müssen die Schüler*innen zum Wissen kommen oder kommt das Wissen morgen zu ihnen? Vielleicht sehen wir in der Zukunft eine Art moderner Wander-Lehrer*innen, die als moderne Gurus interessierte und wissbegierige junge Menschen um sich scharen? Oder kommen die Lektionen zu den Menschen, immer dann, wenn sie in den Lebenskontext passen? Beispielsweise eine Lektion in Sachen Hygiene, die in Zeiten der Pandemie beim Händewaschen auf dem Waschbecken-Spiegel als erklärender Infoclip abgespielt wird und aus dem Händewaschen eine unterhaltsame Lerneinheit in Viren- und Bakterienkunde macht? Informationen über den Eisvogel – genau dann, wenn wir ihn sehen und in diesem Moment etwas über ihn wissen möchten? Informationen über Ian Anderson und die Querflöte in der Rockmusik genau dann, wenn wir *Locomotive Breath* hören ...?

Alles wird infrage gestellt. Systeme wie Bildung, Hyperkapitalismus, Wirtschaftstheorien, insbesondere die des unbegrenzten Wachstums, die Optimierung der Demokratie, Konzepte für das Leben in der Gemeinschaft, die Aufgaben der Gesellschaft – all das muss wirklich von Grund auf neu gedacht werden!

Ich fürchte nur, diese Aufgabe ist groß, sehr groß. Systeme sind in vielen Bereichen nicht mehr in der Lage, sich zu regenerieren und an die neue Zeit anzupassen.

Ich weiß aus Gesprächen mit Investor*innen in der Berliner Start-up-Szene, dass es unter den internationalen Investor*innen nur noch wenige gibt, die die Mühe auf sich nehmen, in Deutschland Geld anzulegen. Zu viele Hindernisse, veraltete Gesetzgebung, bürokratische Hürden. Das ist kein neues Lied, das hier gesungen wird.

Doch die Diskussion hat längst begonnen, sie wird lauter und offener. Vor allem findet sie nicht mehr in den Talkshows dieses überholten Mediums Fernsehen statt, das die jungen Generationen ja oft kaum noch kennen oder wahrnehmen. Sie findet auch (leider) in der Regel nicht in der Politik statt.

Ich spüre die Diskussion besonders stark in den für diese Themen geeigneten sozialen Medien. Auf LinkedIn, Xing, Twitter zum Beispiel. Ich beteilige mich hier auch mit vielen Einwürfen und ich bin erfreut über das Echo. Hier wird die Welt beobachtet, nach Chancen gesucht und mitgedacht. Hier geht man respektvoll miteinander und achtsam mit Kritik um, hier entstehen große Gedanken. Das ist ein hoffnungsvoller Start.

Vielleicht greift auch hier das Gedankengebäude von Herrn Schumpeter: **Vielleicht sollten wir die alten Strukturen überwinden, indem wir sie gedanklich jetzt erst einmal grundsätzlich infrage stellen, um sie rundum zu erneuern.**

Die Zeit fordert zum Neudenken auf. Nutzen wir die Chance! Hat jemand eine Idee, wie wir die Demokratie, das Bildungssystem, die Wirtschaftssysteme, ja einfach alle Systeme neu denken und erneuern können? Bitte melden! Die Diskussion beginnt jetzt. Wo ist Dein Beitrag?

Die Klimakrise.

Nichts hat sich in Sachen Erderwärmung wirklich zum Besseren gewendet, allein der Fokus ist durch Corona medial von dem vielleicht größten Thema der Menschheit abgerückt. Denn die Situation auf dem Planeten hat sich kaum verändert. In der kleinen Stadt Le Bourget, in der Nähe von Paris, trafen sich auf der UN-Klimakonferenz Politiker*innen und Klimaexpert*innen. Hier wurde im Jahr 2015 das Pariser Abkommen vereinbart. Alle 195 Mitgliedstaaten der UN haben der Vereinbarung zugestimmt.

Die Staaten haben sich das Ziel gesetzt, die Erderwärmung auf unter zwei Grad begrenzt zu halten und den CO_2-Ausstoß zu neutralisieren, sodass die dann noch produzierte Menge von der Natur, also zum Beispiel über Wälder, wieder aufgenommen werden kann. Die USA kündigten am 1. Juni 2017 das Übereinkommen. Die jüngsten, Ende 2019 veröffentlichten Prognosen sagen voraus, dass die Ziele des Pariser Abkommens schon jetzt außer Reichweite sind.

Dass wir die Erwärmung unserer Welt um weniger als die erwähnten zwei Grad bis 2100 in den Griff bekommen, muss leider als unwahrscheinlich bewertet werden.

Tagesspiegel.de am 19.9.2019:
»Nach Modellen des Pierre-Simon Laplace Institute (IPSL) und des französischen Nationalen Meteorologischen Forschungszentrums könnte sich unser Planet im schlimmsten Fall bis 2100 um durchschnittlich sechs oder sogar sieben Grad erwärmen.

Doch auch in optimistischeren Szenarien ist die Situation alarmierend: Wenn auf dem Planeten bis 2060 Klimaneutralität erreicht werden sollte – was bei Weitem nicht sicher ist –, würde die globale Erwärmung 1,9 Grad erreichen. Im Pariser Klimaabkommen wird ein Ziel von (bestenfalls) weniger als 1,5 Grad angestrebt. In einem mittleren Szenario, bei dem der Planet bis 2080 klimaneutral wäre, würde der Temperaturanstieg schon 2,6 Grad betragen.«[5]

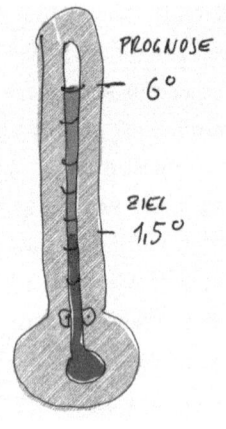

PROGNOSE
6°

ZIEL
1,5°

Wenn es so kommt, dann müssen wir uns auf mehr Hitzewellen, einen deutlichen Rückgang von Niederschlägen, Dürreperioden bei gleichzeitigem Anstieg von heftigem Starkregen gefasst machen. Mittelfristig, so die Expert*innen, werden Hunger- und Wasserkrisen besonders die ohnehin durch Dürreperioden gebeutelten Entwicklungsländer bedrohen. Dadurch kommt es unumgänglich zu ansteigenden Migrationsbewegungen, mehr Schädlingen und Krankheitserregern, dem Verlust der Artenvielfalt. Das globale Klima ist ein hoch sensibel vernetztes System. Auch hier begeben wir uns auf unsicheren Grund. Die Klimakatastrophe ist so komplex, dass wir gar nicht berechnen oder uns vorstellen können, was alles passieren könnte.

Wir wissen nur, dass wir schnell handeln müssen. Und hier kommt sie, die gute Nachricht zur rechten Zeit: Die Corona-Krise hat uns gezeigt, dass ein Leben ohne Umweltzerstörung möglich ist. Eins mit weniger Verkehr. Da nutzt man das Auto nicht mehr, um zum Büro zu fahren, da Home-Office die Option der Stunde ist. Da fliegt auf einmal kein Flugzeug mehr, weil Urlaub gestrichen ist und Business-Meetings virtuell stattfinden. Die

....
5   www.tagesspiegel.de/politik/klimawandel-forschung-pariser-klimaziel-schon-jetzt-nicht-mehr-erreichbar/25032182.html

Folgen sind direkt nachweisbar. Weniger Emissionen, weniger CO_2-Belastung. Wir erinnern uns an die Satellitenbilder, die weniger Luftverschmutzung in der Zeit des Lockdowns dokumentieren.[6] Die Lehre dieser Zeit: Es geht doch, wenn wir es wollen. Also sollten wir es wollen wollen.

Die Klimakrise ist die größte Bedrohung der Menschheit, das ist wissenschaftlich zweifelsfrei belegt. Die gute Nachricht: Die Corona-Krise hat gezeigt: Es gibt noch Optionen. Jede*r von uns kann die nötigen Entscheidungen treffen und an vielen Punkten ansetzen und handeln. Es gibt einen direkten Zusammenhang zwischen unserem Verhalten und der Umweltbelastung. Der Lockdown ist der ultimative Beweis – unser Verhalten ist nicht alternativlos und hat große Auswirkungen, wenn wir entschlossen handeln. Also los.

»Immer Tag eins.«

Zurück zum Kern der Krise: die ständige Unsicherheit, die uns in den kommenden Jahren begleiten wird.

Nun wäre es doch gut, wenn es ein Rezept für die Zeit der Unsicherheit geben würde, oder? Ich habe da einen sehr beeindruckenden Ansatz beim reichsten Menschen der Welt gefunden. Das war einmal Bill Gates, ist jetzt aber mit schon ziemlichem Abstand Jeff Bezos. Er ist der Gründer von Amazon. Ein ziemlich reicher, aber auch ziemlich schlauer Mann, dessen

----

6   www.esa.int/Space_in_Member_States/Austria/Weniger_Luftverschmutzung
     _in_Europa_durch_Coronavirus-_Lockdown

Entscheidungen sicher sehr kritisch begutachtet werden müssen. Seine Philosophie ist auf jeden Fall eine Betrachtung wert.

Es ist seit dem Start von Amazon im Jahr 1994 bis heute die Gleiche: Lebe jeden Tag, als wäre es der erste Tag, ein neuer Beginn! Vermeide die Wiederholung, vermeide alte Konzepte. Der zweite Tag ist langweilig? Mach aus ihm wieder einen ersten Tag! Das hat was. Denn wenn man immer so lebt, nimmt man nichts als gegeben oder sicher an. Man muss sich dazu entscheiden, unvoreingenommen den nächsten Schritt in eine unsichere Zukunft zu machen. Diese Philosophie des »Forever Day One« ist das große Credo, das hinter dem Erfolg von Amazon steht: Jeder Tag ist ein neuer Tag, an jedem Tag verändert sich die Welt und wir müssen nach dem Wandel suchen, den Wandel schaffen und uns dem Wandel anpassen.

Ich stelle mir vor, dass Bezos vermutlich nicht so geschockt war, als die Krise kam. Wenn sein System gilt, dann fing er einfach morgens wieder so an, als wäre es der erste Tag von Amazon. Okay, was ist jetzt zu tun? Hier muss man kritisch sehen, dass Amazon natürlich enorm durch die Krise gewonnen hat und den Einzelhandel immer stärker unter Druck setzt. Bezos ist aber nicht untätig, zumindest hat er auf die Klimakrise bereits reagiert. Er sagte bereits im Februar 2020 zu, seinem Bezos Earth Fund zehn Milliarden Dollar zu spenden. Mit dem Geld der Initiative sollen Aktivist*innen, Wissenschaftler*innen und NGOs finanziert werden, um die Welt – man muss es so deutlich sagen – vor dem Untergang zu bewahren.

Zurück zu seiner Tag-eins-Philosophie. Auf einer Tagung wurde Jeff Bezos einmal gefragt, wie denn Tag zwei aussehen würde.[7] Und er antwortete: »Tag zwei ist Stillstand. Dann folgen Bedeutungslosigkeit, Niedergang und schließlich Tod. Und deshalb ist bei Amazon immer Tag eins.« Noch Fragen?

Ja, ich hätte eine. Wie sieht denn dieser Gedanke in der Umsetzung aus?

Es ist ja eine sinnvolle Ausgangsbasis auch für unser Handeln – ob privat oder im Business. Wenn wir uns also auf diese Denke einmal einlassen, dann müssen wir als erstes Tag zwei erkennen und bei allem, was nach Tag zwei riecht, vorsichtig sein.

Es riecht nach Tag zwei, wenn Du ein Auto mit Verbrennungsmotor siehst.

Es riecht nach Tag zwei, wenn Dein*e Chef*in sagt: »Gute Idee, darüber sollten wir im Herbst mal reden.«

Es riecht nach Tag zwei, wenn Du nicht mehr weißt, was Du gestern gegessen hast, weil es vermutlich so war wie vorgestern.

Es riecht nach Tag zwei, wenn Politiker*innen über die Rente statt über die Digitalisierung reden.

Vorschlag: Du machst hier weiter und führst die Liste fort.

1. _____
2. _____
3. _____
4. _____
5. _____

....
7   www.youtube.com/watch?v=fTwXS2H_iJo

(Schreib einfach rein, das macht das Buch individuell und passt zu dem Tag-eins-Konzept.)

Und eine Frage hätte ich dann noch. Wie sieht denn Dein Tag eins aus? Welche mutigen Entscheidungen wirst Du treffen?

Tag eins ist ein passendes Konzept für diese Zeit und ich liebe den Tag-eins-Ansatz noch aus einem anderen Grund: Forscher*innen haben untersucht, warum wir als Menschen oft das Gefühl haben, dass die zweite Lebenshälfte schneller vergeht als die erste. Das ist schade, denn die Zeit ist ja faktisch die gleiche, nur irgendwie rasen die Jahre desto schneller an einem vorbei, je älter man wird. Traurig. Aber man fand den Grund:

In der ersten Hälfte unseres Lebens passieren sehr viele spannende Dinge, viele Premieren, die uns begeistern und die wir sehr intensiv erleben. Das sind alles Tag-eins-Sensationen: der erste Kuss, das erste Mal so tanzen, als würde keiner zugucken. Das erste Mal betrunken sein, das erste Mal auf einem Pferd galoppieren. Sich das erste Mal mit einem Motorrad in die Kurve legen. Das erste Mal einen Löwen in freier Wildbahn sehen.

All diese Premieren graben sich in unsere Erinnerung ein und man weiß, dass ein Leben voller intensiver, reicher Erlebnisse zwar im Moment kurzweilig, aber in der Erinnerung als eine lange Lebenszeit empfunden wird. Das Gegenteil ist der Fall, wenn wir so leben, wie viele Menschen es leider tun – voller Routinen, in denen der Geist es sich bequem macht. Fast ohne nachzudenken, was man nach dem Aufstehen tut, denn alles läuft ja automatisch ab – Zähne putzen, duschen, die Zeitung durchblättern. Täglich grüßt das Murmeltier. Und auf einmal sind, huch!, zehn Jahre vergangen …

Die gute Nachricht ist: Du kennst jetzt das Tag-eins-Prinzip. Wie wäre es, ab jetzt ein Leben voller Premieren zu leben? Vielleicht gehst Du morgen mal zu Fuß zur Arbeit, lässt Dich nass regnen, weil Du *keinen* Schirm dabeihattest, oder nimmst extra einen Umweg und hörst Jazz, um den Deine Ohren bisher einen großen Bogen gemacht haben? Es gibt tausend Arten, jeden Tag eine kleine (oder natürlich große) Premiere zu erleben. Wir sollten jeden Tag beginnen, als wäre er der erste eines neuen, spannenden Projekts.

Die Unsicherheit lässt uns in der nahen Zukunft übrigens auch gar keine Gelegenheit mehr, in hirntote Routinen zu rutschen. Wir sollten dies als Chance begreifen.

Wir haben die Chance, die Unsicherheit zu nutzen, indem wir die alten Konzepte, die vermeintliche Sicherheit versprechen, meiden – um uns und das, was wir tun, jeden Tag neu zu erfinden. »Immer Tag eins« ist das perfekte Beispiel für die Einstellung, die wir jetzt brauchen. Denn mit ihr gibt es kein Zögern, wenn Du neue Optionen siehst. Du wirst sie ergreifen.

Die drei Gesetze der Unsicherheit.

Gute Konzepte lassen sich immer schnell in wenigen Schritten beschreiben. Daher formuliere ich hier drei hilfreiche Gesetze für die lange Zeit des bevorstehenden Umbruchs.

1. Du kannst Dir nicht sicher sein.

Welt im Wandel, überall Krisen. Versuch erst gar nicht, Dich irgendwo zu verstecken oder festzuhalten. Es macht keinen Sinn und kostet genauso viel Kraft, als wolltest Du gegen den Strom ans Ufer kommen. Das wirst Du nicht durchhalten, sondern eine Menge Kraft verlieren, bevor Du dann doch untergehst.

Das ist mir tatsächlich mal in der Schlei passiert. Kaltes Wetter, mit dem Katamaran unterwegs. Dann bin ich von dem Ding geschleudert worden und ich Trottel habe versucht, das falsche Ufer gegen den Strom zu erreichen. Wäre fast schiefgegangen.

2. Nimm die Unsicherheit an.

Wir müssen die Unsicherheit akzeptieren, die Situation nutzen, erst dann wird eine Chance aus ihr. Vielleicht sollten wir uns dazu vor einen Spiegel stellen und uns selbst eingestehen: »Ich weiß nicht, wie es weitergeht. Aber keine Angst, ich werde einen Weg finden.«

Wenn wir ein Team führen, sollten wir ihm gegenüber ehrlich gestehen, dass wir nicht wissen, wie es weitergeht, aber dass wir gemeinsam einen Weg finden werden. Das zu gestehen, ist sehr ehrlich und wir werden dafür Mut brauchen. Aber es gibt uns Kraft, weil es wahr ist, und dieser Moment wird der Anfangspunkt, ab dem wir die Zukunft neu gestalten.

3. Die Unsicherheit ist Deine Chance.

Gegen alle evolutionäre Vernunft ist die Unsicherheit Dein Weg in die Zukunft. Sich über den Ruhestand Gedanken zu machen, ist keine Option. Aber auf Bänken sitzen und Tauben füttern ist sicher eh nicht Dein Ding. Du kannst diese Chance nutzen, überall um uns herum gibt es doch schon gute Beispiele. Eine Bekannte von mir ist Meditationslehrerin und sie hat in der Corona-Zeit gelernt, ihre Kurse auch online als Video-Event anzubieten. Jetzt kann sie sich vor Aufträgen aus aller Welt kaum retten, denn ihr Angebot wurde über das Netz in der ganzen Welt relevant. Und sie kann die Kurse aus einem kleinen Raum ihres Ferienhauses in die ganze Welt streamen, wissend, dass ihre Familie sich ein paar Meter weiter darauf freut, noch mit ihr schwimmen zu gehen. Perfekt – und nur möglich, wenn wir die neuen Unsicherheiten in Chancen umwandeln. Kein Blabla, sondern machbare Realität.

HANDELN.

Handeln: Der Ausbau.

In diesem Kapitel geht es um das Handeln. Darum, wie wir jetzt, in dieser neuen Phase nach dem Auftreten der Pandemie Anfang 2020, reagieren und wie wir die nahe Zukunft gestalten können, um robust, mutig, motiviert und mit guter Laune aufzubrechen. Die Situation habe ich beschrieben, sie ist, wie sie ist, die müssen wir so hinnehmen. Aber wir können agieren. Wenn die Situation ein Eisblock ist, dann können wir einen Kühlschrank daraus machen. **Oder anders: Wenn die Zukunft Dir Steine in den Weg legt, bau Dir ein Haus draus.**

Entscheidend ist, wie Du handelst. Es ist alles da, was Du brauchst. Versprochen.

Die ersten Hinweise behandeln Deine nötige Einstellung, dann geht es um digitale Werkzeuge, anschließend um wichtige Beziehungen und zuletzt darum, Dich gesund für die Zukunft aufzustellen.

Die Stunde der Allrounder*innen.

Wie kommen wir weiter, was müssen wir können? Welche Schwerpunkte wollen wir setzen? Nach allem, was ich aus den Metropolen in aller Welt und den erfolgreichen Zukunftskonzepten dort gehört und gelernt habe, gibt es einen vielversprechenden Weg: wenn Du Allrounder*in wirst.

All die Expert*innen, auf die wir in Deutschland ja immer so stark gesetzt haben, verlieren genauso an Wert wie die Aktien der alten Wirtschaftsunternehmen. Sicher brauchen wir auch in Zukunft gut ausgebildete Fachkräfte. Aber ihr Stern sinkt, weil die Welt jetzt schnell komplexer wird. Im Detail sind wir verloren und Detail-Erklärungen sind zeitraubend. Detail-Denke ist Tag-zwei-Denke, es reicht nicht, sich nur mit einer Sache gut auszukennen. Ich sehe das auch in meinen Studien: Viele meiner Mitarbeiter*innen da draußen in den Metropolen berichten von einer anderen Welt. In der kann jede*r alles. Zumindest fast alles … aber zumeist alles gut genug, um das Wissen einsetzen und handeln zu können!

Die Einstellung unserer neuen Zeit ist ja: Wenn ich mich mit einem Problem in der Tiefe auseinandersetzen will, lerne ich die Grundlagen zur Problemlösung im Netz. Wissen ist auch: wissen, wo was steht. Für die wenigen ganz speziellen Aufgaben können wir uns immer noch jemanden mit Spezialwissen holen. Falls das überhaupt noch nötig ist.

Dies ist keine Zeit der Tiefe, sondern eine Zeit der Breite. Du musst Dich in vielen Bereichen ganz gut auskennen und nicht in wenigen ganz toll.

Mark Twain soll einmal gesagt haben: »Wer als Werkzeug nur einen Hammer hat, sieht in jedem Problem einen Nagel.« Und genau das ist das Problem. Wir können uns nicht mehr leisten, auf

Basis unserer Fähigkeiten (Hammer) lediglich auf die für uns als Hammer-Besitzer*in passenden Aufgaben zuzugehen (die Nägel).

Früher, in meiner Zeit als Berater in internationalen Werbeagenturen, habe ich tolle Expert*innen kennengelernt. Es gab zum Beispiel beeindruckende, sehr gut ausgebildete und kreative Art-Direktor*innen, die nur für den visuellen Teil von Kampagnen zuständig waren. Die haben das Bildkonzept gemacht, Fotos ausgesucht oder Fotograf*innen für Fotos beauftragt oder Werbefilmregisseur*innen für Werbefilme gebucht. Gerne sind sie dann zum Shooting oder Dreh auf die Bahamas oder, eine Nummer kleiner, nach Kapstadt (»Da ist das Licht so toll!«) gleich mitgereist.

Oder sie haben Illustrator*innen beauftragt oder auch mal selbst Entwürfe skizziert. Aber sie haben sich eben ausschließlich um den visuellen Part gekümmert und gerne von sich behauptet: »Also mit Wörtern und Texten kann ich ja gar nicht.«

Dann gab und gibt es noch Texter*innen, die haben (na was wohl?) sich um die Slogans und Headlines gekümmert, also die guten Werbetexte geschrieben. Das Problem war ganz oft, dass sich beide in den Haaren lagen, weil der oder die Texter*in sich Wörter für ein Szenario ausdenken musste, das jemand anders visuell komponiert hatte, und die Arter*innen sich in ihrer künstlerischen Freiheit beschnitten fühlten, wenn sie einem Auftrag folgen sollten, der zu einem Slogan passt.

Solche Grabenkämpfe gehören bald endgültig der Vergangenheit an. **Die Zukunft wird den Allrounder*innen gehören, die fast alles können. Menschen, die vor allem zwei Fähigkeiten haben: Sie trauen sich alles zu – und sie stürzen sich in die Suche nach den passenden, meist digitalen Werkzeugen und lernen schnell, sie einzusetzen.**

Jeff Bezos hatte, als er Amazon gründete, keine Ahnung vom Einzelhandel, schon gar nicht vom Buchhandel. Er war auch kein Programmier-Genie oder Internet-Experte. Aber er traute sich zu, sofort anzufangen und sich einzuarbeiten. Schon früh wollte er nicht nur Bücher verkaufen, das war nur ein erster, notwendiger kleiner Schritt. Jeff Bezos' Vision war, von Anfang an ein Allesverkäufer zu werden. Und wie wir wissen, hat er das auch ziemlich überzeugend hinbekommen.

Die Zukunft wird Deinen Job, das, was Du tust, immer wieder infrage stellen. Im Rahmen der Digitalisierung, so eine berühmte Studie der Oxford University in den USA aus dem Jahr 2013,[8] fällt quasi jeder zweite Job in Zukunft weg (47 Prozent!). Die Chance ist also hoch, dass Deiner auf der Liste steht. Ich meine das ganz ernst. Ich werde später noch einmal darauf eingehen, aber alle sogenannten Expert*innen-Jobs stehen auf der Kippe. Selbst in der Chirurgie werden Menschen durch Chirurgie-Roboter ersetzt werden. Es gibt sie schon, sie sind schon im Einsatz – und sie werden immer besser und günstiger. Die Chance, dass Du als Buchhalter*in Deinen Job verlierst, liegt laut der Oxford-Studie bei 95 Prozent.

Sei schneller. Leg den Hammer weg, es sei denn, Du hörst auf den Namen Thor. Der ist ausgewiesener Hammer-Allrounder und kann damit der Sage nach eine Menge Dinge machen, die man mit einem Hammer eigentlich nicht macht. Zum

8   www.oxfordmartin.ox.ac.uk/downloads/academic/The_Future_of_Employment.
    pdf

Beispiel ihn als smarte Waffe einsetzen oder mit ihm fliegen. Und solltest Du nicht auf den Namen hören, dann weg mit dem Ding. Statte Dich mit vielen Werkzeugen aus, entwickle Dich zu einem Allround-Supertalent, das *alles* kann.

Das Allrounder-Thema sollte Dich aber auch beschäftigen, wenn Du auf der Angebotsseite sitzt und in der Zukunft Kund*innen beraten willst. In der Vergangenheit konnte man mit Expertise punkten, denn man kannte sich aus. Herrschaftswissen und so. Das ist jetzt vorbei, Expert*innen sitzen auf dem Grund des Brunnens und sehen nur einen kleinen, runden Teil der Welt von dort. Ein Beispiel zur Verdeutlichung: Ich habe in den letzten Jahren eine große deutsche Bank beraten, das war einer der spannendsten Jobs, die ich je gemacht habe. Die Banker*innen sind sehr aufgeschlossen und entgegen meinen Vorurteilen (und sicher denen von vielen) ständig auf der Suche nach einer besseren Lösung für ihre Kund*innen. Wir untersuchten viele Bereiche und drehten jeden Stein um. Ein Thema war die Beratung. Die ändert sich, denn die Zukunft verlangt Generalist*innen und dann erst Expert*innen, anders als früher. Nehmen wir die Immobilienfinanzierung. Früher kam der oder die angehende Hausbesitzer*in zur Bank, wurde dort an die Immobilienfinanzierungs-Abteilung verwiesen. Dort holte man den Finanzierungs-Werkzeugkasten raus und drechselte eine maßgeschneiderte Finanzierung. Heute ist die Situation eine andere. Der oder die angehende Hausbesitzer*in kommt mit einer ganzen Liste von Fragen, die erst einmal gar nichts oder nur indirekt mit der konkreten Finanzierung zu tun haben.

Wie kann ich in diesen Zeiten ein smartes Haus bauen, ein Connected oder Smart Home? Was heißt das überhaupt? Ich habe diese Begriffe neulich erst gehört. Was für eine Internetanbindung brauche ich? Wie kann ich ein nachhaltiges Haus mit neuester Öko-Technik bauen? Welche Technik würden Sie für die Energieversorgung empfehlen?

Das alles sind Fragen, die jemand mit Finanzexpertise oft nicht beantworten kann. Da muss jemand her, der sich viel breiter auskennt und erste Antworten für unsere*n Hausbesitzer*in hat. Genau das macht die Bank jetzt: Sie etabliert eloquente, breit ausgebildete und neugierige Berater*innen, die mit der Kundschaft den Rahmen ausloten, und dann orchestrieren, mit welchen Expert*innen in der zweiten Stufe geredet werden muss. Da braucht es dann eine*n Nachhaltigkeitsexpert*in, eine*n Haus-IT-Expert*in etc. Die kann man wiederum in Videokonferenzen zuschalten, die müssen gar nicht in der Bankfiliale vor Ort sein. So geht Beratung von morgen.

Wir können so viel, wenn wir es uns nur zutrauen, also fangen wir gleich damit an.

Ich bin auch Generalist. Ich schreibe und gestalte meine Zukunfts-Vorträge, habe seit fast fünf Jahren regelmäßig einen Zukunfts-Podcast und mache einfach möglichst viel selbst. Das bringt mich weiter und es macht Spaß. Auch bei diesem Buch habe ich mich dafür entschieden, die Illustrationen einfach selbst zu zeichnen, denn die Zeit war knapp. Meine Frau hat als professionelle Designerin das Cover gestaltet und meine Tochter die Kapitelillustrationen gezeichnet. So geht das in einer Generalisten-Familie.

Stelle Dich breit auf, investiere Deine Zeit, um viele neue Fähigkeiten zu erlernen. Gehe nicht allzu sehr in die Tiefe.

Du musst Dir alles zutrauen, dann wirst Du alles können. Nicht perfekt, das überlasse den Spezialist*innen. Aber gut genug – sodass Du eine gute Zukunft vor Dir hast.

Das neue digitale Leben.

Wir haben kaum eine Wahl, aber wenn wir vorne mitspielen wollen, müssen wir uns den digitalen Möglichkeiten öffnen. Alles ist schon da – und es bedarf nur ein wenig Bereitschaft, in den digitalen Werkzeugkasten zu greifen und das richtige Tool herauszupicken. Es ist leicht, es ist schnell zu beherrschen und anzuwenden. Das ist Deine Chance. In einer Zeit, in der sich alles so schnell verändert, ist der ein*e Held*in, wer ständig das passende Werkzeug findet und ganz passabel beherrscht.

Heute brauchst Du für das Home-Office eine Plattform für virtuelle Konferenzen? Du hast zwanzig Minuten Zeit. Suche im Netz, welche es gibt. Wie sie funktionieren und ob sie einfach zu bedienen sind. Was sie kosten. Schau Dir Anleitungen auf YouTube an. Traue Dir zu, dass Du das auch hinbekommst. Dann mach es. Und jetzt bist Du der oder die Superheld*in Deiner Zukunft. Das gleiche Prinzip gilt, wenn Du zum Ausgleich meditieren lernen möchtest. Recherche, YouTube-Empfehlungen durchgehen, App installieren, meditieren. Das schafft man sogar in zehn Minuten, dann kann man ein paar Minuten länger meditieren.

Viele von uns sind Technik-Skeptiker*in und glauben, dass vieles im Netz »böse« ist, weil es uns ausspioniert, oder dass es zu vage ist, weil es nicht über den persönlichen Kontakt funktioniert. Ich höre auf meinen Vorträgen von sehr skeptischen Menschen all diese Zweifel.

Ich finde auch, man sollte kritisch sein, und welches Volk auf Erden ist skeptischer und kritischer als wir Deutschen? Aber: **Wir müssen auch ein bisschen gesunden Menschenverstand walten lassen und da wo nötig auch ein wenig ins Risiko gehen. Wir entscheiden, was wir nutzen und worauf wir uns einlassen.** Prüfen wir also und seien wir im Zweifel mutig.

Das Netz birgt die riesige Möglichkeit, sehr flexibel zu sein, und darauf kommt es ja in Zukunft immer mehr an. Zwei ganz persönliche Beispiele, okay, sie sind ein bisschen banal, wenn Du ein digitaler Profi bist, aber ich gehöre zu den Babyboomer*innen, für mich ist das schon eine Leistung:

Ich buche im Gehen zum Bahnhof mein Ticket für den ICE. Beim Einsteigen reserviere ich über eine App mein Hotelzimmer, und bevor ich mich an meinen Platz gesetzt habe, ist der Mietwagen geordert.

Den Sitzplatz habe ich natürlich auch über das Internet bestellt: immer an einem Tisch, immer am Fenster und immer mit dem Fenster an der linken Seite, damit ich rechts die Maus frei bewegen kann. Im Flieger auch immer am Fenster, damit ich diesen Über-den-Wolken-Effekt genießen kann (ich kann Leute nicht verstehen, die sich in ein Flugzeug setzen, ohne einmal aus dem Fenster in diesen faszinierenden Himmel zu gucken).

Ein anderes Beispiel ist die Arbeit an diesem Buch. Es sollte schnell fertig werden, um vielen Menschen zeitnah Hinweise geben zu können, wie Zukunft geht. Es war nur möglich, weil ich mit einem engagierten Lektor gemeinsam an dem Buch gearbeitet habe. Gemeinsam heißt nicht nacheinander, wie es in der Vergangenheit der normale Weg gewesen wäre. Nein, wir haben wirklich zur gleichen Zeit an dem Text gearbeitet.

Mithilfe von Google Docs, einer Plattform, auf der man Dokumente teilen und gleichzeitig bearbeiten kann. Roland hat vorn die Kapitel, die ich schon geschrieben hatte, überarbeitet, während ich weiter hinten am nächsten Kapitel schrieb.

Das wird sicher noch weiter gehen, smarte Programme bieten ihre Hilfe an. So können zeitaufwendige Recherche-Aufgaben an Programme delegiert werden, Textgeneratoren können auch schon selbst Texte verfassen. In den USA werden Sportberichte, Konzernbilanzen und Pressemitteilungen schon seit Jahren immer öfter durch Textroboter erstellt ... (Ich verspreche hier hoch und heilig: Ich bin kein Roboter!)

Digitalisiere Dich. Stelle Dich breit auf. Für jedes Problem gibt es im Netz eine Lösung, die einfach verständlich ist und für die es, wenn man dann doch ein wenig in die Tiefe gehen muss, Anleitungen auf YouTube gibt.

So wird Deine Zukunft entschieden. Entweder wirst Du Generalist*in oder Superheld*in und kannst alles, weil Du Dich für alles öffnest und Dich im digitalen Werkzeugkasten auskennst oder Du machst vielleicht was ganz anderes.

(Du könntest auch zum Flaneur oder zur Flaneurin werden und gemessenen Schrittes die Boulevards hoch- und runtergehen).

Du kannst alles, die richtigen Werkzeuge und das nötige Wissen, um sie zu bedienen, im Netz finden.

Es ist da, wir müssen nur zugreifen. Wir können dort lernen, wie unser Baby gut schläft, wie wir zu einem oder einer passablen

Masseur*in werden können, wie wir unsere Steuer selber erledigen und die Belege effektiver organisiert bekommen. Wir lernen, Gitarre zu spielen, und auch noch, wie wir Lieder komponieren können.

Alles da, wenn wir es uns nur zutrauen. Dann werden wir unabhängiger und freier in unseren Entscheidungen.

Ein gutes Beispiel für die Möglichkeiten der digitalen Welt ist der Popstar Billie Eilish. Sie fing sehr früh an, zu Hause Lieder zu komponieren. Das hat sie mithilfe ihres großen Bruders Finneas und einer Menge Offenheit und Neugier, aber ohne professionelle Musikexpert*innen ganz allein geschafft. Mit 14 Jahren startete sie ihre sensationelle Karriere. Sie konnte sich anfangs kein professionelles Studio leisten. Aber ihr Bruder fuchste sich in die Technik hinein und die ersten Songs spielten die zwei auf sechs Quadratmetern mit drei Keyboards und einem einfachen Mikrofon in dem sparsamen Einfamilienhaus ihrer Eltern ein. Da der Bungalow nur zwei Schlafzimmer hat, schliefen ihre Eltern im Wohnzimmer auf einem improvisierten Bett, um ihren Kindern genug Raum zu ermöglichen. Billie und ihr Bruder nutzten ihn und haben ein Wunder vollbracht! Sie entwickelten Superkräfte und schafften mit dem, was möglich war, das Unmögliche. Jetzt ist Billie Eilish ein Weltstar. Sie ist ein Musterbeispiel für die Superpower, die in allen von uns steckt. Gut, vielleicht ist nicht jede*r so unfassbar talentiert wie Billie. Aber wir alle können in dem, was wir gern machen möchten, sehr viel besser werden!

Was interessiert Dich? Fotografie? Natürlich gibt es Anleitungen im Netz und jede Menge Technik, die Dir helfen, zu einem guten, vielleicht sogar perfekten Fotografen zu werden. Klar, heute können alle mit ihren Smartphones sehr gute Fotos machen. Die Konkurrenz ist also riesig. Aber Du bist ja kreativ, mutig und entschlossen und öffnest die Tür noch weiter. Fotografie klingt ein bisschen nach Tag zwei? Ja, aber Videos mithilfe von fliegenden Drohnen zu machen, schon nicht mehr. Da gibt es noch wenige Angebote. Um das zu beherrschen, musst Du neue Superkräfte entwickeln und lernen, wie Drohnen fliegen. Worauf zu achten ist, damit sie tun, was Du willst. Du musst wissen, unter welchen Bedingungen und wie hoch und weit die Dinger fliegen. Du musst die Gesetzgebung für den Drohneneinsatz lernen. Du musst alles über die eingebauten Kameras wissen. Du musst Profis zuhören und dann ganz viel üben. Du musst Zeit und auch Geld investieren. Du musst Kund*innen finden, die Deine Kunst brauchen.

Das Wissen, das Du brauchst, ist im Netz. Also los. Vielleicht ist bald eine filmende Drohne Dein Hammer.

> Nutze den digitalen Baukasten. Er ist schon da. Du musst nur hineingreifen. Stürze Dich ins Abenteuer – aber lege Dich nicht zu sehr auf einen Weg oder ein Werkzeug fest, denn sowohl Weg als auch Werkzeug ändern sich in Zeiten der Unsicherheit ständig.
>
> Wir müssen lernen, für jede Aufgabe schnell eine passende Lösung zu suchen und zu finden. Das versteht man unter »lifelong learning« – ständig dazuzulernen.

Die neue Arbeit.

Die Erkenntnis der neuen Zeit der Unsicherheit: Es geht um Dich und Deine Wünsche. Was ist mit Deiner Work-Life-Balance? Wie sinnhaft ist Deine Arbeit? Brauchst Du nicht eher einen entspannten Work-Life-Blend, also eine Vermischung von guter Arbeit und gutem Leben?

Es geht bei der Arbeit der Zukunft nicht mehr um Zeit gegen Lohn, das ist ein völlig veraltetes und falsches Konzept. Man hatte sich in der Vergangenheit darauf geeinigt, dass Arbeitende ihre Lebenszeit einbringen und dafür angemessen entlohnt werden. Und daraus folgt: Deine Zeit wird verkauft. Dieser Ansatz geht davon aus, dass Deine Zeit einen berechenbaren Wert hat: Du gibst Deine Zeit her und dafür bekommst Du einen Lohn. Doch das ist ein Deal, der nicht mehr zeitgemäß ist und der nicht mehr in die Zukunft passt. Dieses Konzept ist grundlegend falsch, weil es die Arbeitenden zu Verlierer*innen macht. Vielleicht waren wir nur zu beschäftigt, um es all die Jahre nicht zu durchschauen.

Unsere Lebenszeit ist wertvoll bis unbezahlbar, denn sie ist nun mal endlich. Lohn dagegen ist es nicht. Geld hat einen sehr unterschiedlichen Wert und gerade in diesen Zeiten, in denen die Zentralbanken und die Regierungen Milliarden in die Märkte pumpen, muss uns klar sein, wie wenig realen, verlässlichen Wert Geld im Grunde genommen hat. Es ist eine Spielgröße der Weltwirtschaft, Zeit dagegen gehört uns und: Sie vergeht.

Deine Zeit darf nicht vergeudet werden. Das wird sie aber, wenn sie durch sinnlose Arbeit verbraucht wird (darüber rede ich noch in einem späteren Kapitel) oder eine, die Dich nicht weiterbringt. Ja, es kann durchaus eine etwas sinnlos erscheinende Arbeit geben, die Dir aber dennoch etwas vermittelt. Man denke an die buddhistische Aufgabe, »den Wald zu fegen«, um sich zu fokussieren und durch sinnloses Arbeiten zu sich zu finden. Wobei ein sauberer Waldweg für manche Chrompolierer ja auch was Schönes ist … aber zurück zum Wesentlichen!

Wir werden sehen, dass alle sich wiederholenden, daher oft unkreativen und unangenehmen Arbeitsschritte in der Zukunft zunehmend automatisiert werden. Und das schneller, als wir denken.

Studien von PriceWaterhouseCoopers schätzen, dass schon Mitte der 2030er-Jahre bis zu 50 Prozent (!) aller sinnlosen oder freudlosen Arbeit wegfallen wird.

Es geht also schnell. Du solltest Dir das möglichst noch heute bewusst machen. Arbeit, die Dir keinen Sinn vermittelt oder die keinen Spaß macht, wird durch Computerprogramme und Roboter ersetzt werden. Wozu sich also unnötig lange mit ihr aufhalten?

Das betrifft auch alle Bereiche, in denen Menschen schwere körperliche Arbeit verrichten müssen. Schon jetzt können Roboter in der Lagerarbeit immer häufiger Kisten exakt in Regale einräumen. Besser, schneller als Menschen – und ganz ohne Verschleißerscheinungen in den Gelenken. Die Vision ist eine Arbeitswelt ganz ohne Lasten und Mühen. Oder anders gesagt: **Wir lösen uns von der Last und öffnen uns der Arbeit mit Lust.** Eigentlich eine logische Entwicklung – und einer der großen Wirtschaftsdenker unserer Zeit, der britische Ökonom John Maynard Keynes, hat sie schon 1930 vorhergesehen.[9]

Keynes schrieb 1930, dass die Menschen in 100 Jahren nur noch drei Stunden am Tag arbeiten müssten. Wir alle würden somit schon im Jahr 2030 von den »drückenden wirtschaftlichen Sorgen erlöst sein«.

Ein Problem würde dann nur noch die Aufgabe sein, die freie Zeit sinnvoll auszufüllen. Drei Stunden würden völlig ausreichen, um die dann noch nötigen Dinge zu regeln.

....

9   www.diepresse.com/1572380/die-15-stunden-woche-was-wurde-aus-keynes-vision

Warum sind wir nicht schon viel weiter auf dem Weg zur 15-Stunden-Woche? Wir arbeiten immer noch 40 Stunden in der Woche. Was ist da schiefgelaufen? Ich denke, wir lassen uns zu sehr auf ein Spiel ein, das als Ziel mehr Geld und nicht mehr freie Zeit verspricht.

Dabei sind viele Jobs heute weder interessant noch befriedigend. Unser ganzes Leben ist um die Arbeit herum organisiert. Es gab eine Zeit, da haben wir lange und hart arbeiten müssen, um zu leben und zu überleben. Jetzt muss es darum gehen, das Leben an sich in das Zentrum zu stellen und die Arbeit an das Leben anzupassen. Dadurch bekommt die Arbeit eine neue Ausrichtung. Es hilft uns, dass die Produktivität unserer Gesellschaft immer mehr ansteigt. Wir sind besser geworden, smarter, und erreichen mit weniger Arbeit, unterstützt durch Künstliche Intelligenz und künstliche Helfer, einfach mehr (auch davon später mehr).

Vor zwanzig Jahren haben wir zum Erledigen einer Arbeit die doppelte Menge an Aufwand benötigt, heißt es. Nachvollziehen kann ich das für mich, wenn ich mir zum Beispiel die Arbeit auf den Feldern ansehe – da helfen nun riesige Maschinen, die immer optimaler und vernetzter eingesetzt werden. Da fliegen über riesige Felder schon Drohnen, die erkennen, wo es Probleme gibt – zu wenig Wasser in einem Bereich hier, Unkrautbefall dort oder schlummernde Rehkitze, die so vor dem Mähtod gerettet werden können. So wird Arbeit optimiert, die Produktivität erhöht und im Idealfall in der Zukunft auch ein wichtiger Beitrag für die Natur geleistet. Diesen Vorteil der Reduzierung der Arbeit können wir für uns nutzen, indem auch wir effizienter und dadurch weniger arbeiten.

Ein gutes Beispiel, wie man Arbeit in Zukunft weiter in unserem Sinne optimieren kann, ist die Phase der Arbeit aus dem Home-Office während der Corona-Pandemie.

Sie hat uns für den Bereich der Büroarbeit gezeigt: Es geht auch anders. Wir müssen gar nicht morgens durch den Stau in die Bürotürme hetzen. Wir können sehr frühe Besprechungen auch als Online-Call durchziehen und uns dann auf den Weg machen. Entspannt und gut gelaunt, weil wir die Kinder beim Frühstück erleben durften. Wir erkennen schnell: Nicht jedes Meeting war sinnvoll, nicht alle bringen uns weiter – und bei Weitem nicht alle müssen Präsenz-Meetings sein. Eine selbstbestimmte Büroarbeit, wie wir sie im Home-Office erlebt haben, ist genau das, was Keynes uns vor 90 Jahren versprochen hatte. Mehr Zeit durch eine höhere Produktivität.

Aber wir dürfen auch darauf hoffen, dass die Arbeit der Zukunft uns immer öfter ein gutes Gefühl vermittelt, weil wir etwas Sinnvolles schaffen, beispielsweise anderen Menschen weiter zu helfen, uns als Gesellschaft zu entwickeln oder der Umwelt immer weniger zu schaden.

Das klingt nach hohen Ansprüchen – aber genau die sollten wir stellen, denn es ist unser Leben, wir haben nur eins.

Wir sollten kritisch sein und Ansprüche an unsere Arbeit stellen: Sie sollte sinnvoll sein und uns weiterbringen.

Ist das aktuell bei Dir schon der Fall? Wenn Du eine der beiden Bedingungen nicht erfüllt siehst, solltest Du beginnen, über eine Alternative nachzudenken. Viele Unternehmen stehen hier unter Druck, denn sie haben nicht ausreichend an Perspektiven für ihre Mitarbeiter*innen gearbeitet. Von Unternehmen höre ich in letzter Zeit sehr oft Klagen, dass die Besten, die High Performer*innen, die jungen und agilen Denker*innen das Boot verlassen, um ihr Glück mit einem eigenen Start-up oder bei einem kleineren, agileren Unternehmen zu suchen. Da werden scheinbar sichere Karrieren riskiert für ungewisse Abenteuer. Die Unternehmenslenker*innen verstehen das natürlich nicht, denn sie selbst haben ja diesen Karriereweg gewählt, sie sehen oft nicht – oder wollen nicht sehen –, welchen Preis sie wirklich für diesen Weg gezahlt haben und wie erfüllend eine neue Arbeit sein kann, die eben nicht nach Tag zwei müffelt.

Schieb die Konfrontation mit Deinen Ansprüchen – und dann gegebenenfalls Deinen Entscheidungen – nicht zu lange raus. Im nächsten Schritt musst Du wissen, was Du willst. Wie Du gern arbeitest und wo. Und wie lange. Und mit wem.

Ein Beispiel aus meinem Umfeld, wie so etwas gehen kann: Neulich habe ich einen renommierten Werbefilmregisseur auf dem Markt in Hamburg getroffen. Er ist Schweizer, eine tolle Persönlichkeit und ich kenne ihn noch aus meiner Zeit in den Werbeagenturen, wir haben damals öfter zusammengearbeitet.

Er verkaufte Brot an einem kleinen Stand. Er war guter Dinge und erzählte mir, wie es dazu gekommen war: Eines Tages vor zwei Jahren hatte er die Nase voll von seinem Job. Er kam ihm nicht mehr sinnvoll vor. Außerdem hatte die Automatisierung seiner Branche schon begonnen, immer mehr Generalist*innen, ausgerüstet mit semi-professioneller Software, machten seinen Job. Die Honorare schrumpften, die Wertschätzung für seine Arbeit auch und das machte ihm immer weniger Spaß. Genug war genug. Er wollte etwas für sich Sinnhaftes machen, etwas, das ihm wieder Spaß machen würde. Als Schweizer in Deutschland fragte er sich, was ihm hier fehlte. Und dann kam er drauf: Es war das Brot seiner Kindheit. Ein sogenanntes Bürli, das ist ein spezielles, kross auf einem Holzfeuer gebackenes Brot mit einer fluffigen Krume. Mit einem Holzfeuer-Ofen in seiner Garage backte er sein Brot, immer wieder und so lange, bis es genauso schmeckte wie in seinen Erinnerungen. Vom Mischen bis zum Ausbacken hat das Brot sechzig Stunden Zeit, sich zu entwickeln. Und eines Morgens im Januar, es war bitterkalt, stand er mit vierzig Broten auf einem Hamburger Markt, aufgeregt und voller Zweifel. Passant*innen kamen vorbei und nahmen sich eine mit Butter bestrichene Scheibe, gingen dann weiter. Doch dann blieben sie genüsslich kauend stehen, drehten sich um und kauften ein Brot, das, zugegeben, nicht gerade günstig ist. An diesem ersten Tag verkaufte er alle vierzig Brote!

Und so ging es schnell weiter, innerhalb von zwei Jahren hat er ein neues Business aufgebaut. Nun hat er in Eimsbüttel seinen eigenen kleinen Laden, die Presse berichtet über den Schweizer Regisseur und sein Brot – und Christian, so heißt mein Bekannter aus Werbezeiten, ist glücklich mit seiner Entscheidung. Und: glücklich mit seiner Arbeit. Das ist eine Geschichte, wie wir sie in der Zukunft viel öfter hören werden. Eine voller Mut und Eigeninitiative, in der es darum geht, selbst zu denken, statt gedacht zu werden.

Geld ist wichtig, klar, aber nicht alles. Die Zeit der Corona-Krise hat uns das bewusst gemacht. Viele Dinge sind wichtiger. Etwa, wie wir unsere Zeit selbst und frei einteilen. Wie wir sie nutzen.

Nicht jede*r kann einfach mal so anfangen und seinen Traum vom eigenen, leckeren Brot verwirklichen. Oder doch? Für die

Umsetzung seiner Idee brauchte Christian kaum Geld, der Holz-ofen, Mehl und sehr viel Zeit waren der Einsatz. Die wichtigste Zutat: der Glaube an seine Idee und sein Durchhaltevermögen. Von 0 auf 100 in zwei Jahren, das kann man schaffen. Wir können unsere Arbeit in diesen Tagen des Austestens neu definieren. Was ist Dein Traum? Oder hast Du eine Vision? Es muss aber ja auch nicht gleich ein eigenes Unternehmen sein. Du kannst auch Deine jetzige Arbeit erst einmal optimieren.

Wenn Arbeit im Home-Office – oder irgendwo, im Café, auf einer Parkbank oder am Meer – zu machen ist, dann solltest Du dafür kämpfen, auch so zu arbeiten. Von zu Hause, wo Du zwischen-durch Deinen eigenen Kaffee trinken kannst und mit Deinen Kin-dern spielst. Oder vom Tisch einer Strandbar aus. Es ist letztlich ganz egal, wenn das Ergebnis Deiner Arbeit stimmt. Die Zukunft der Arbeit ist ein Mix aus viel eigenständigem Organisieren von Rahmenbedingungen, viel eigener, kreativer Strategie und ge-meinsamen Abstimmungen. Aber: Es lohnt sich!

Auch wenn Du in Deiner Heimatstadt arbeiten willst und nicht unter südlicher Sonne, kann das funktionieren – ich habe es selbst getestet: Unser Büro residierte noch vor anderthalb Jah-ren in der noblen Rothenbaumchaussee in Hamburg: schicke Alsternähe, hohe Decken mit Stuck, aber auch lange, binden-de Mietverträge über viele Jahre – und eine Menge Langewei-le. Dann zogen wir mit dem Team um, in die Europa Passage am Ballindamm, direkt ins Herz der Stadt. Unser Vermieter ist jetzt das amerikanische Unternehmen WeWork, ein Co-Wor-king-Space. Hier trifft man sich in der Community-Area, einem Bereich, der eher wohnlich eingerichtet ist und in dem für al-les gesorgt ist. Man kann in einer offenen Küche sein Essen zubereiten, seinen Kaffee trinken und Erfahrungen zu den Entwicklungen der neuen Zeit austauschen. Oft gibt es Vorträge, mit denen sich Unternehmen vorstellen. Man kommt ins Gespräch. Mit Start-ups, freien Kreativen und aufgeschlossenen Unternehmer*innen. Und dann geht man wieder auseinander, ein wenig klüger, ein wenig inspirierter.

Und es gibt noch weitere Vorteile. Wenn ich eine Frage habe oder Hilfe bei einem Problem brauche, ist immer jemand aus der Community zur Stelle und hat einen Vorschlag. Das ist herrlich produktiv, hilfreich und inspirierend.

Über das Netzwerk habe ich jetzt in fast jeder wichtigen Metropole der Welt ein Büro. Wenn wir uns also mal auf einen Kaffee in New York, Rio, Bangalore, Seoul oder Tokio treffen wollen: kein Problem! Ich habe mit wenigen Klicks dort für uns einen Konferenzraum reserviert – einschließlich leckerem Kaffee, schnellem WLAN und sauberen Toiletten.

Und wenn es mal wieder eine Pandemie mit Lockdown gibt, man weiß ja nie, dann kann ich innerhalb eines Monats den Mietvertrag für meinen Arbeitsplatz dort kündigen. Ausziehen, Kosten sparen und nach dem Sommer wieder einziehen. So geht modernes, flexibles Arbeiten. Eine von vielen guten neuen Möglichkeiten, *besser* zu arbeiten.

> **Öffne Dich für die neuen Optionen der Arbeit der Zukunft. Hinterfrage den Deal Zeit gegen Geld und investiere Deine Zeit nur, wenn Du auch einen guten Gegenwert bekommst. Die Berufswelt wird sich in der kommenden Zeit sehr verändern. Sei vorbereitet, neue Wege zu gehen. Du wirst ein wenig Mut brauchen, aber mit Mut wirst Du Dein Leben ganz schön verändern können. Ganz und schön.**

Vertraue dem Rudel:
Netzwerke und Diversität.

Wenn wir in die neue Zeit, in das neue Normal starten, dann haben wir viele Fragen und viele Sorgen. Die beste Methode, sich für all die neuen Herausforderungen gut auf- und einzustellen, ist, sich auszutauschen.

Es gibt ein spannendes Experiment, das Gerald Hüther in seinem Buch *Wie aus Stress Gefühle werden. Betrachtungen eines Hirnforschers* erwähnt: Ein Affe wird in einem Raum in einen Käfig gesperrt. Dann wird ein Hund in den Raum gelassen. Der Affe bekommt Angst. Das kann man über eine Erhöhung des Adrenalinspiegels in seinem Blut nachweisen. Setzt man jetzt aber noch einen zweiten Affen zu ihm in den Käfig, einen Affen, den er bereits kennt, ändert sich die Reaktion. Kein Stress, die beiden entspannen sich und haben keine Angst mehr. Das klappt aber wirklich nur, wenn die beiden Affen sich vorher kannten. Ein Hinweis dafür, dass Freundschaft und Partnerschaft bei sozial organisierten Säugetieren das wichtigste Mittel gegen Angst und Stress sind.

Wenn wir uns der Unsicherheit aussetzen müssen, brauchen wir starke Netzwerke: Menschen um uns herum, die wir kennen, denen wir vertrauen und deren Meinung wir schätzen. Handeln braucht Austausch, gemeinsames Denken. Ich meine hier nicht die luftige Oberflächlichkeit der Kontakte über die sozialen Medien. Nein, es geht um ein tieferes, ernsthaftes Netzwerk, in dem man sich aktiv und auf Augenhöhe austauscht.

Ist so ein Netzwerk überhaupt noch zeitgemäß? Im Silicon Valley ist doch sicher alles komplett digital organisiert? Kennen sich die Menschen dort überhaupt noch persönlich oder sind das eine Menge flüchtiger digitaler Verbindungen, auf denen man aufbaut?

Das Gegenteil ist der Fall. Unsere Mitarbeiter*innen vor Ort wissen ganz andere Dinge zu berichten. Die, die investieren, die kreativ sind, die Macher*innen und Vordenker*innen kennen sich untereinander alle persönlich und man muss sie auch persönlich kennen, wenn man Erfolg im Silicon Valley haben will. Das gilt auch für die Entscheider*innen bei der Silicon Valley Bank, die bisher mehr als 30 000 Start-ups finanziell unterstützt hat. Sie ist seit 1983 vor Ort und tief in den Strukturen verankert. Man kennt sich, man trifft sich – auch und gerade, wenn man Geld haben möchte.

Als wir die Strategie für die Bankfiliale der Zukunft in Berlin entwickelt haben, gab es vier Säulen, auf denen das Konzept ruht. Eine davon ist Community, Gemeinschaft. Jetzt ist natürlich Skepsis angebracht. Wie soll denn das gehen? Eine auf finanzielle Betreuung ausgerichtete Gemeinschaft?

Nein, wir haben in Berlin einen Club der Bank gestartet. Einen passenden Raum gegenüber der Filiale angemietet und dort einen richtig gemütlichen Clubraum geschaffen. Mit einer modernen, warmen Inneneinrichtung, selbst ein Kamin (wenn auch künstlich) ist dort zu finden und natürlich eine Bar. Der Club wurde sofort von den Menschen in Berlin angenommen. Denn im Club geht es nicht ums Verkaufen, sondern erst mal um den Austausch. Um Inspiration, Kultur, Zukunft. Dort finden abends Vorträge statt, Kunst wird vorgestellt, Autor*innen lesen aus ihren neuen Büchern, es gibt Vorträge von internationalen Denker*innen und eine gemeinsame Suche nach Wegen in die Zukunft. Klingt nach einer elitären Runde? Nein, hier treffen sich wirklich die unterschiedlichsten Menschen und tauschen sich aus. Der Club wird von einer engagierten und empathischen Managerin geleitet und ist den ganzen Tag geöffnet. So kann man sich in der hektischen Metropole, mitten in Berlin, auf einen Kaffee und ein paar leckere Snacks in den Club zurückziehen und gute und ernste Gespräche über die Zukunft führen. Face to Face.

Persönlich ist wichtig. Steve Jobs hat, so heißt es, alle wichtigen Entscheidungen im persönlichen Gespräch getroffen. Er war ein visionärer Wanderer, sogar buchstäblich, denn er machte mit seinen Gesprächspartner*innen ausgiebige Spaziergänge: Walk and talk.

Fange möglichst jetzt an, Dir eine starke Community zusammenzustellen oder Dein vorhandenes Netz auszubauen. Für die neuen Netzwerke gelten neue Spielregeln. Mitläufer*innen sind hier nicht erwünscht. Jede*r muss geben, wenn sie oder er nehmen will. Statt nur immer wieder Rat zu fordern, musst Du auch Impulse bieten. Nutze die Option, effiziente virtuelle Treffen mit der ganzen Welt zu organisieren, aber setze auch von Zeit zu Zeit auf einen analogen Austausch mit Deinem Netzwerk. Themen auswählen, vorbereiten, die Diskussion befeuern, ja, Networking ist Arbeit, aber eine, die Dich weiterbringt und großen Spaß macht.

Kommen wir nun zu einer der Hauptzutaten für ein gutes Netzwerk: Diversität. Wenn Du in meinem Buch bis hier gekommen bist, muss ich es eigentlich nicht mehr erwähnen, aber: Dein Netzwerk ist nur dann stark und hilfreich in diesen Zeiten der

Unsicherheit, wenn die Menschen, die es ausmachen, möglichst unterschiedliche Perspektiven einbringen. Triffst Du immer nur dieselben Menschen, die Du schon seit der Uni kennst, wird sich Dein Blickwinkel nicht verändern, Du redest quasi mit Spiegeln, dabei brauchst Du einen Austausch mit Andersdenkenden, Pionier*innen und gestaltenden, kreativen Köpfen.

Deine Zukunft wird gut, wenn Du Dir neue Freunde suchst. Und zwar auch dort, wo Du sonst nicht gesucht hättest.

Und wir müssen das Teilen lernen. Ein deutsches Problem ist, dass wir nicht sooo gern abgeben. Wenn wir uns im Café mit einem oder einer Mitarbeiter*in eines konkurrierenden Unternehmens treffen, würden wir nie über unsere Arbeit sprechen. Doch mein Team und ich haben in vielen Gesprächen mit unseren Mitarbeiter*innen im Silicon Valley ganz andere Erfahrungen gemacht: Hier tauscht man sich offen aus und sucht den Input der »Anders-Denker*innen«. Diversität ist der Schlüssel zum Erfolg. Diversität beschleunigt die Entwicklung, denn man lässt zu, dass andere sich auch ein Bild von dem eigenen Projekt machen und vielleicht noch eine interessante Perspektive hinzufügen. Ja aber, dann wechselt das Wissen ja durch mich zum Konkurrenzunternehmen ...? Genau.

Tatsächlich ist es im Silicon Valley ganz normal, dass sich das Wissen im Fluss befindet. Es ist normal, dass jemand von der einen Tech-Company zur anderen wechselt, das Wissen mitnimmt, es verfeinert und entwickelt und dann nach vielleicht zwei weiteren Stopps in weiteren Companys wieder zum Ausgangsunternehmen zurückkehrt. Natürlich lernt er oder sie auf seiner oder ihrer Reise durch unterschiedliche Unternehmen mit ihren eigenen Philosophien eine Menge – und davon kann wiederum das Unternehmen, das ihn oder sie einstellt, profitieren. Alle werden schlauer in diesem Prozess.

Und in Deutschland? Da horten wir unser Wissen, ohne es zu teilen. Meins. Meins. Meins. Ein großer Fehler, denn so werden wir als Gesellschaft zu Wissens-Sparer*innen und -Zwerg*innen. Das Wissen verkümmert in den Tresoren der Wissensbanken. Da muss es raus. Denn erst wenn wir das Wissen weitergeben, vermehrt es sich. Und wir werden zu Riesen.

Es gibt auch ein Ego-Problem bei uns. Es nennt sich das Not-invented-here-Syndrom (Deutsch »nicht hier erfunden«): Wenn eine Idee nicht von mir oder meinem Team kommt, kann sie ja gar nicht gut sein. Dahinter stecken Neid, Ignoranz, Eitelkeit und eine Aversion gegen fremde Ideen. Für so etwas haben wir im neuen Normal keine Zeit mehr. Der Ansatz muss sein: Egal, wer diese Idee hatte – wenn sie gut ist, ist sie willkommen. Je mehr diversen Input wir zulassen, desto schneller entwickeln wir uns.

Ein ähnliches Phänomen ist das Chinese-Walls-Syndrom. Hier geht es um regelrechte Wissensgefängnisse: Ich bin Chef*in, nur ich darf das wissen. Du bleibst bitte uninformiert, denn Du verdienst ja auch weniger. Wissen wird so zum Status-Ausweis. Das ist keine Haltung mit Zukunft. Ein Unternehmen, das so denkt, steckt bis zum Hals in der Tag-zwei-Logik, Du solltest es schnell wieder verlassen!

> Baue starke Netzwerke auf. In Zeiten der Unsicherheit sind sie die beste Ausgangsbasis, um durchzustarten. Nutze bitte nicht nur die digitalen Verbindungen, sondern pflege auch persönliche Begegnungen. Netzwerken der Zukunft heißt geben und nehmen, also bring Dich auch aktiv mit ein.

Diversität ist der Antrieb für den Zukunftsmotor. Hole möglichst unterschiedliche Perspektiven von Menschen ein, die anders denken als Du. Und bitte teile auch Deine Gedanken, nur so können wir uns gemeinschaftlich entwickeln. Es geht um das Teilen. Wohin einen das Bewahren bringt, kannst Du bei den Tag-zwei-Unternehmen beobachten.

Der neu organisierte Alltag.

Hier geht es um die Optimierungsmöglichkeiten rund um den Alltag. Es gilt, einen Plan für die eigene Arbeit der Zukunft zu entwerfen, der uns mehr Freiheiten, mehr Quality-Time, mehr Freude ermöglicht.

Der beschränkende Faktor ist Zeit. Wir haben schon darüber gesprochen. Das Ziel ist auch bei der Organisation Deines Alltags ein optimales Zeitmanagement. Gar nicht so einfach. Ich erinnere mich an einen Sketch, in dem ein Mann Videospiele auf dem Fernseher spielt und dabei mit seiner Freundin redet. Die mahnt ihn – »Du wolltest noch Dein Zimmer aufräumen.« Der Freund antwortet: »Mache ich morgen.«

»Du wolltest noch die Steuer machen.« Wieder die Antwort: »Mache ich morgen.« So geht es weiter, bis der Videospieler kurz irritiert innehält, nachdenkt und sagt: »Weißt Du was? Das schaffe ich alles morgen ja gar nicht, ich mach das einfach übermorgen!«

Organisation des Alltags ist der Schlüssel. Da gibt es so viele interessante Ansätze, ich will nur ein paar aufgreifen.

Man fand zum Beispiel heraus, dass wir im Laufe eines Tages nur eine begrenzte Kraft und Kapazität für Entscheidungen haben. Mit jeder, die wir treffen, nimmt diese Kraft ein wenig ab, man nennt das Entscheidungsermüdung. Deshalb sollte man einfach versuchen, die Menge seiner Entscheidungen zu reduzieren. Da solch wertvolles Wissen nicht nur Dir und mir zugänglich ist, gibt es viele Beispiele, wie erfolgreiche Visionäre genau diese Entscheidungen reduzieren. So trug Steve Jobs zum Beispiel immer einen schwarzen Rollkragenpullover, Jeans und Turnschuhe bei seinen legendären Vorträgen. Er musste diese Entscheidung nur einmal treffen und dann nie wieder, was ihn sicher ein kleines bisschen entspannt hat.

Mark Zuckerberg, der Facebook startete, dann ordentlich Firmen zukaufte (Instagram, WhatsApp, Oculus VR), trägt eigentlich immer Jeans und ein graues T-Shirt. Und auch der große Modedesigner Karl Lagerfeld trug fast immer denselben Look in Schwarz. Auch er musste nicht jeden Morgen entscheiden, was er anziehen möchte.

Das kann man in viele Bereiche des Lebens weiterdenken. Ein Meditations-Guru, mit dem ich schon meditieren durfte, isst mittags immer einen Joghurt. Somit muss er nicht darüber nachdenken, was er kochen muss. Kochen ist ein schönes Hobby, im Alltag aber maximal entscheidungs-intensiv.

Bei einer Studie für den Ernährungsbereich haben wir mal das Essverhalten der Menschen in Dänemark analysiert. Gerade in den Städten sind wir auf ein interessantes Ritual gestoßen: In der Arbeitswoche ernähren sich viele Dän*innen eher gesund, simpel und spartanisch. Da kann man sich gut auf die notwendige

Arbeit konzentrieren und leidet nachts nicht an einem rumoren-
den Bauch und morgens nicht an einem Kater. Die karge Zeit ist
aber begrenzt: Am Wochenende ändert sich der Plan. Ab Frei-
tagnachmittag wird gekocht, gefeiert, getrunken und über die
Stränge geschlagen. Montags ist dann Schluss mit lustig und die
Anzahl der Entscheidungen reduziert sich wieder drastisch.

Dein Learning? Ritualisiere möglichst alle unwichtigen Entscheidungen. Jetzt und vielleicht erst einmal für einen Probezeitraum.
Du wirst sehen, es lebt sich leichter und Du hast mehr Zeit für das
wirklich Wichtige: die Entscheidungen für Deine Zukunft.

Einkaufen ist auch so ein Thema. Erstaunlicherweise brauchen wir, nachdem eine Packung Toilettenpapier sich leert,
eine neue.
 Das bringt uns dann in regelmäßigen Abständen dazu, wieder
in den Handel zu gehen und so etwas Langweiliges wie Toilettenpapier nachzukaufen. Man muss an diese Grundversorgung
auch noch Gedanken verschwenden und den Einkauf planen,
sonst sitzt man wie in der Hamsterkauf-Corona-Zeit auf der Toi-
lette und bemerkt, dass etwas fehlt.

Du solltest auch hier ein System etablieren, das für Dich denkt.
Entweder Du kaufst in großen Abständen viel Toilettenpapier
oder Du beauftragst einen Onlinehändler, Dich in festen Inter-
vallen mit allem, was für Dich und Deinen Haushalt notwendig
ist, zu beliefern. Es ist absurd, wie viel Zeit wir für banalen Orga-
Kram verlieren!

Auch die Anlieferung der Waren wird optimiert. In der nahen Zukunft werden Drohnen die Produkte zu den Haushalten liefern.

In den USA wird diese Vision gerade Realität. Amazon ist wieder mal mit dabei und reicht seit Jahren ständig Patente auf Drohnenlieferungen ein. Wir wissen von Patenten, bei denen Drohnen aus fahrenden Bahnwaggons starten sollen. Oder bei denen große Drohnen aus Verteilungszentren vor den Städten wie Bienen aus einem Bienenstock starten, um Oma Ingrid ihren Earl-Grey-Tee vor den Wintergarten zu legen. Sicher bist Du an dieser Stelle skeptisch. Das wird es nie in Deutschland geben, höre ich manchmal bei meinen Vorträgen aus dem Publikum. Da wäre ich nicht so sicher. UPS und Amazon sind auf dem besten Weg. Beide Unternehmen haben in den USA schon von der staatlichen Flugaufsicht die Erlaubnis für den Einsatz von Drohnen zu Lieferzwecken erhalten. Sie fliegen schon jetzt Waren durch die Luft.

Der andere Einwand ist: Was, wenn so eine Drohne mal abstürzt? Gute Frage, deutsche Frage – und natürlich berechtigt: Da fliegt so eine amerikanische Drohne über Deutschland und hat eine Kollision mit einem Vogelschwarm oder einfach einen Defekt. Was dann? Das Ding hört auf zu fliegen und fällt einem Bürger auf den Kopf. Das wäre medial der Super-GAU: »Bürger von Drohne erschlagen!« Aber auch für diesen Fall liegt uns ein Patent von Amazon vor, das uns entspannt: Die Drohne soll sich dort oben in der Luft selbst zerstören können, sodass nur noch unbedenkliche Kleinteile herunterfallen. Jetzt setzt aber gleich die zweite deutsche Frage ein, ahnst Du, welche ich meine? Genau. »Was ist denn jetzt mit dem Paket?« Da wird ein Sixpack Bier versendet und das fällt dann einem Bürger auf den Kopf – es folgt ein medialer Gau und so weiter, siehe oben …

Die Antwort wirst Du vielleicht schon ahnen: Auch dafür wurde ein Patent angemeldet. Es sieht vor, dass die Pakete, die mit der Drohne in die Luft gehen, unter dem Adress-Label einen gefalteten Mini-Fallschirm haben, der sich bei einer bestimmten Fallgeschwindigkeit aufspannt.

Die Pandemie hat Entwicklungen wie Drohnenlieferungen und andere Alternativen noch befeuert. In China sind wir auf selbstfahrende kleine Wägelchen gestoßen, die die Haushalte autonom versorgen. Das heißt, diese kleinen Wagen fahren von der Lagerhalle selbstständig, ohne weitere Hilfe, zu den Wohnblocks und lassen sich dort von den Bewohner*innen über eine Smartphone-Autorisierung öffnen. Einkaufen ohne Kontakt in der Pandemie. Ein großes Versandunternehmen in Hamburg hat das bereits getestet, ja, wir können das auch (theoretisch).

Amazon Go hat Supermärkte ohne Kassen entwickelt. Auch das spart eine Menge Zeit und genau deshalb ist das Konzept aktuell in den USA so erfolgreich: Rein in den Store, Produkt aus dem Regal nehmen, wieder raus – und fertig.

In den ländlichen Regionen scheint die Versorgung aufwendiger zu sein. Aber auch das wird sich ändern. Wir sehen schon Beispiele von Unternehmen, die selbstfahrende Geschäfte erfolgreich im Alltag einsetzen. Dabei ruft man sich in dem Weit-weit-weg-Dorf mit einer App einen Verkaufswagen. Der rollt dann in nicht ferner Zukunft autonom – also ohne Fahrer*in – heran, öffnet seine Glastüren und man kann sich aus der Auslage aussuchen, was man braucht. Danach schließt sich der rollende Ministore und fährt weiter ins nächste Dorf.

Um die Versorgung müssen wir uns in der Zukunft wahrlich keine Sorgen machen.

Um handeln und die Zukunft mitgestalten zu können, musst Du möglichst viele Entscheidungen ritualisieren, delegieren oder standardisieren. Es lohnt sich, hier ein wenig Zeit zu investieren, denn die holst Du vielfach wieder heraus.

Kümmere Dich um Deine Gesundheit.

Der vielleicht größte Trend unserer Zeit ist die Konzentration auf die Gesundheit. Zwischen Chance und Bedrohung ist es in diesem Bereich nur ein schmaler Grat: Sie birgt die Chance auf ein gutes, langes Leben, wenn sie da ist, und wenn sie nicht da ist, werden alle Bereiche unseres Lebens negativ beeinflusst.

Klar, dass Gesundheit einen ganz besonderen Einfluss auf unser Leben und unsere Zufriedenheit hat.

Die Pandemie hat uns verunsichert und verängstigt. Und das gilt weltweit für uns alle, für unglaubliche acht Milliarden Menschen (not so Fun Fact: 1974 waren wir noch vier Milliarden. Die United Nations rechnen mit einem Wachstum bis auf fast 17,6 Milliarden Menschen im Jahr 2100!).

Und jede*r von all diesen Menschen will seine oder ihre Gesundheit schützen und bewahren. Das ist unser aller Urinstinkt. Die Pandemie wurde hier zu einem großen Paukenschlag, der uns alle noch einmal extralaut mahnt, auf uns zu achten und gesund zu bleiben. Wenn wir Zukunft gestalten wollen, müssen wir auch auf unsere Gesundheit achten.

Eine der vielen guten Nachrichten ist, dass jetzt viel getan wird, um unsere Gesundheit zu schützen. Die Pandemie führt zu einer Umschichtung von Geld: Der Gesundheitsmarkt boomt.

Aus Gabor Steingarts *Morning Briefing* vom 16.4.2020:
»Eine Studie des PricewaterhouseCoopers Health Research Institute geht von einer Verdreifachung der Gesundheitsausgaben in den kommenden 15 Jahren aus. Das würde einen Anstieg der weltweiten Gesundheitskosten auf die stolze Summe von 24 Billionen US-Dollar bedeuten (24.000.000.000.000 US $). Zum Vergleich: Die weltweiten Militärausgaben liegen dem SIPRI-Institut zufolge bei derzeit rund 1,8 Billionen US-Dollar.

Innerhalb der alternden Bevölkerungen in Japan, Westeuropa und den USA genießt das Thema Gesundheitsschutz oberste Priorität – auch bei uns in Deutschland. In einer Umfrage des Instituts INSA sagten 45,8 Prozent der Teilnehmer*innen auf die Frage, welches Thema ihnen am wichtigsten sei, Gesundheit stehe für sie an ersterf Stelle. Und das war noch vor dem Ausbruch des Coronavirus im Dezember 2019. Laut einer aktuellen YouGov-Umfrage wächst die wahrgenommene Bedrohung durch das Coronavirus besonders aus Sicht der älteren Bevölkerung.«[10]

Der große Fokus auf die Gesundheit bei der älteren Bevölkerung ist nicht erstaunlich, denn die Babyboomer*innen, also bei uns die Generation der zwischen 1955 und 1969 Geborenen, haben in den letzten Jahrzehnten immer mehr Geld für die Gesundheit ausgegeben. Kein Wunder, denn die Lebenserwartung

....
10   www.gaborsteingart.com/newsletter-morning-briefing/die-neue-
      normalitaet/?wp-nocache=true

steigt – und wir können davon ausgehen, dass sie immer schneller steigt. Da will man möglichst lange gesund bleiben.

Körperliche Gesundheit.

Hier erwarten Dich sehr gute Nachrichten, denn nach allem, was wir aktuell in der Medizinforschung sehen, werden wir schon bald immer mehr Krankheiten besiegt haben. Syphilis, Pest, Tuberkulose, Kinderlähmung – diese Krankheiten machen uns schon lange keine Angst mehr. Kinderlähmung gilt als zu 99 Prozent besiegt. Jetzt nehmen wir uns den Rest vor. Wir beobachten schon seit Jahren, wie es immer mehr und immer schneller bahnbrechende Entwicklungen in der Medizin gibt. Selbst bei den Killern Nummer 1 und 2, Herz-Kreislauf-Erkrankungen und Krebs, macht man vielversprechende Fortschritte. Das hat mehrere Gründe:

Hohe Investitionen.

Zum einen gibt es immer da eine hohe Chance auf große Fortschritte, wo viel Geld für Entwicklung und Forschung zur Verfügung steht. Wenn im Rahmen einer Pandemie ein Impfstoff gesucht wird, geht es um das große Geld. Im Sommer 2020 forschen weltweit parallel mehr als 190 Unternehmen an einer Lösung.

Das ist Big Business, birgt aber auch Vorteile. Denn wenn es gelingt, Krankheiten wirklich zu besiegen, ist die Bilanz am Ende für uns alle positiv: keine Behandlungskosten mehr, keine Reha. Auch hier zeigt sich wieder, dass die Welt sich ändert und wir sie besser vorausdenken müssen, als abzuwarten, was auf uns zukommt. Für viele alte Berufe bedeutet das Ende der Krankheiten auch das Ende ihrer Existenz. Neue Berufe, die unsere Daten analysieren, entstehen dafür. Aus Krankenhäusern werden Gesundheitshotels, in die man zur Optimierung seiner Gesundheit und zur Analyse eincheckt.

Neue Wege der Prävention.

Mein Team und ich schauen uns die Entwicklungen in der Prävention weltweit an. Welche Angebote gibt es, werden diese Angebote bereits angenommen und gibt es schon vielversprechende Best-Practice-Beispiele? Es gibt bereits viele Hunderte spannende Wearables, also Geräte, die man am Körper trägt, um Daten zu sammeln. Dabei ist man aber immer allein, die Kommunikation und der Austausch mit Ärzt*innen fehlt. Nicht so bei einem Konzept für die Praxis der Zukunft, auf das wir in Los Angeles und in der San Francisco Bay Area gestoßen sind:

Die Praxis der Zukunft.

Dort gibt es ein Start-up, das die Arztpraxis ganz neu erfindet. Es heißt Forward[11] und wurde von Adrian Aoun gegründet, einem ehemaligen Google-Manager. Forward wirbt aktuell (9. Juli 2020) mit der folgenden Aussage:

»40 Prozent der Todesfälle sind vermeidbar. Unsere vorausschauenden Ärzte arbeiten mit Ihnen zusammen, um langfristige Gesundheitsrisiken zu minimieren.«

Aha, hier zeigt sich Zukunft. **Vorausschauende Ärzt*innen minimieren die Gesundheitsrisiken, statt erst dann anzusetzen, wenn schon eine Krankheit aufgetreten ist.** Ein neuer Ansatz! Hier ist man nicht Patient*in, sondern wird Mitglied in einem Gesundheitsclub, der viel Zeit in die umfassende Analyse

....
11   www.goforward.com/how-it-works

des aktuellen Gesundheitszustandes der Mitglieder investiert. Genau dort, wo Medizin immer mehr stattfindet: bei der frühen Analyse von Entwicklungen, die in Krankheiten münden können.

Ich will Dich nicht mit Details langweilen, aber was da mal eben bei der Blutuntersuchung alles erfasst wird, will ich Dir nicht vorenthalten. Die schicken Praxen in bester Lage sind (natürlich) mit Technik vollgestopft.

Die Mitgliedschaft beginnt mit einer umfassenden Analyse Deines Ist-Zustandes. Ein Bodyscanner erfasst Vitaldaten, einschließlich Körpertemperatur, Gewicht und Pulsoxymetrie (hier wird die arterielle Sauerstoffsättigung über die Messung von Lichtabsorption analysiert).

Diese Ergebnisse werden sofort an die Mediziner*innen weitergeleitet, sodass die sich ein vollständigeres Bild von Deinem Gesundheitszustand machen können. Wenn Dein erster Besuch virtuell ist, schickt Dir Forward ein Sensor-Kit, um die Daten zu erfassen, die zur Analyse nötig sind: »Die Blutuntersuchung umfasst eine umfassende Stoffwechsel-Analyse zur Überprüfung der Nieren- und Leberfunktion, ein Lipid-Panel zur Überwachung des Cholesterinspiegels, den Hämoglobinspiegel zur Überprüfung der Anämie und einen genetischen Test.«

Die Ergebnisse stehen in nur zwölf Minuten bereit, damit Du sie gemeinsam mit Deinem Arzt oder Deiner Ärztin sofort überprüfen kannst. Die Praxen sehen auch eher aus wie ein stylisher Apple Store und nicht wie herkömmliche Behandlungsräume. Da kommt man gern zum Gespräch mit einem entspannten Gesundheitscoach (ehemals Ärztin oder Arzt genannt) vorbei.

Das Ganze hat seinen Preis: Aktuell muss man monatlich 149 Dollar zahlen, um in diesem Club aufgenommen zu werden. Hier zeigt sich auch die Tendenz für die Medizin der Zukunft. Gesundheit kostet. Das war schon immer so, wohlhabende Menschen leben länger, schon lange gibt es in der Medizin eine Zwei-Klassen Gesellschaft.

Zeit Online am 16.4.2019:
»Reiche Rentner leben länger

(...)

Wohlhabende Senioren leben einer neuen Analyse zufolge im Mittel deutlich länger als Männer mit geringer Rente.

Im Jahr 2016 hatten 65-Jährige mit hohen Renten durchschnittlich noch etwas mehr als 20 Lebensjahre vor sich, Senioren mit niedrigen Bezügen dagegen nur knapp 16, wie aus der Untersuchung des Max-Planck-Instituts für demografische Forschung in Rostock hervorgeht.

Obwohl die Lebenserwartung in den vergangenen Jahren in allen Einkommensschichten wuchs, öffnete sich demnach die Schere zwischen Arm und Reich weiter: In hohen Einkommensschichten habe sie fast doppelt so schnell zugenommen wie in der Gruppe mit den niedrigsten Einkommen.«[12]

Eine Entwicklung, die man kritisch sehen muss und wir sehen sie bereits in vielen Regionen der Welt immer stärker werden. Auch in Asien, wo die wohlhabende Schicht in nahezu jede Möglichkeit investiert, um möglichst lange gesund zu bleiben. Von traditioneller chinesischer Medizin bis hin zu High-Tech-Toiletten, die den Urin analysieren. Prävention wird immer

....
12 www.zeit.de/news/2019-04/16/reiche-rentner-leben-laenger-190416-99-842499

mehr zum entscheidenden Faktor bei der Eliminierung von Krankheiten.

Es gibt hier natürlich unendlich viele Angebote. Dein Arzt oder Deine Ärztin kennt sich aus, häufig stößt man aber auch hier auf Tag-zwei Konzepte. Du musst Dich wieder einmal selbst informieren. Es gibt auch Gadgets, die Dir bei der Prävention helfen. Aktuell sehen wir übrigens viele Neuentwicklungen, um eine Covid-Erkrankung rechtzeitig zu erkennen. Zum Beispiel kleine Pflaster, die man sich im Bereich des Kehlkopfes auf die Haut klebt und die anzeigen, wenn man erkrankt ist. Und es gibt Armbänder in den USA, die den Abstand zu anderen Menschen messen und bei Unterschreiten eines eingestellten Sicherheitsabstands vibrieren.

Hier gibt es viel Mist. Aber eben auch gute Ansätze, Du musst die Augen aufhalten und prüfen, was Sinn für Dich macht. Ein konkretes Beispiel für den Einsatz smarter Gadgets in der Prävention kann ich Dir aus meiner eigenen Erfahrung nennen: Ich habe in den letzten Jahren ziemlich viel Stress gehabt, viele Reisen, viele Vorträge, dazu noch Beratungsaufträge. Es lief gut, aber es lief nicht so gut für meine Gesundheit. Meine Apple Watch hat mir geholfen. Durch EKGs, die ich mit der Watch aufzeichnete, konnte ich ein Vorhofflimmern erkennen und dokumentieren. Mein Kardiologe war sehr überrascht, dass ich ihm bereits so viele Daten mit in die Sprechstunde brachte, und konnte mich so direkt behandeln.

Künstliche Intelligenz und Algorithmen.
Welche Indizien gibt es noch dafür, dass wir viele Krankheiten besiegen werden? Nun, immer mehr Daten stehen über uns zur Verfügung, wir sammeln sie ja ununterbrochen. Jetzt kommt mit

der Künstlichen Intelligenz ein mächtiges Auswertungswerkzeug hinzu. Die medizinische Analyse wird zunehmend IT-basiert sein – und die Fähigkeiten von Künstlicher Intelligenz und Algorithmen verbessert sich rasant. Das ist ein großer Durchbruch in der Prävention. Mithilfe von Künstlicher Intelligenz können große Datenmengen zuverlässiger und schneller zueinander in Bezug gesetzt und die nötigen Schlüsse gezogen werden. Schneller, als jeder Mensch es ohne Technik könnte. Eine Software erkennt, wo sich gerade ein Zustand in dem komplexen System Deines Körpers verändert. Sie kann bewerten, ob diese Entwicklung gut oder ein bisschen gut oder so richtig falsch läuft und gefährlich wird.

So kann dann in einer frühen Phase korrigierend eingegriffen werden. Der Ausbruch einer Krankheit wird verhindert. Du bleibst gesund. Ohne dass es zu Beschwerden kommt oder Du, wie früher in überfüllten Wartezimmern, auf eine Diagnose warten musst. Die Diagnose der Zukunft ist nicht mehr: »Das sieht mir aber gar nicht gut aus, da hätten Sie mal früher kommen sollen«, sondern: »Wir müssen da jetzt hier und dort etwas korrigieren, dann bleibt alles gut.« Selbst in Deiner DNA angelegte Krankheiten können durch Genanalyse, die immer erschwinglicher wird, rechtzeitig, also vor Ausbruch erkannt und ihr Ausbruch kann vermieden werden.

Es ist also nicht alles festgelegt. Auch Krankheiten bekommen wir nicht automatisch, sondern nur, wenn wir nicht aufpassen. Genetische Veranlagungen sind reversibel, umkehrbar.

Konvergenz und Biotech.

Wenn ich in den letzten Jahren auf Vortragsreisen gefragt wurde, was aus meiner Sicht der wichtigste Durchbruch ist, dann habe ich stets mit dem Begriff Konvergenz geantwortet. Da stolpert man im Silicon Valley ständig drüber.

Was ist gemeint? In der Vergangenheit haben Wissenschafts-Expert*innen in Silos vor sich hin gearbeitet. Das Bild kennt man: hoch spezialisierte Denker*innen im Elfenbeinturm. Nur auf das eigene Forschungsziel konzentriert. Nun hat sich das dramatisch verändert. Die Elfenbeintürme werden gerade zu Ruinen, weil die Denker*innen sie verlassen, um sich im Café auf dem Vorplatz gemeinsam mit anderen Denker*innen aus anderen Türmen einen Kaffee zu gönnen. Dabei reden sie erstmals miteinander und begreifen, dass sie sich viel zu sagen haben. Dieses hübsche Bild steht für Konvergenz: Die Wissenschaften, oder besser die Wissenschaftler*innen kommen zusammen und legen ihre Kenntnisse zusammen. So entsteht ein gewaltiger Fortschritt in allen Bereichen des Lebens, nicht nur in der Medizin. In das Auto zieht die IT (Informationstechnologie) ein und manche sagen schon, ein Auto ist die Verlängerung des Smartphones auf Rädern.

Biologie und Technik ergibt Biotech. **Die Medizin der Zukunft ist eher Programmierungsaufgabe als Wadenwickel. So entsteht Zukunft.**

Hardware – elektrische Schutzschilde.

Die Fortschritte in der Medizin kommen aus den unterschiedlichsten Bereichen. Für den Angriff von Viren wird überall, auch ganz konkret auf der Hardware-Seite geforscht. Da gibt es Kleidung, die Viren bei Kontakt durch eine spezielle Beschichtung eliminiert oder abstößt, ähnlich wie bei Teflon, das in der Pfanne dafür sorgt, dass die Eier nicht anbrennen. Noch weiter gehen zwei japanische Unternehmen, die Kleidung mit einer ganz leichten elektrischen Spannung aufladen wollen. Basis ihrer Idee ist ein Stoff, der durch Bewegung kleine Mengen an Elektrizität erzeugt, die Bakterien und Mikroben direkt zerstört. Das gemeinsam vom Elektronikunternehmen Murata Manufacturing und Teijin Frontier entwickelte Gewebe erzeugt Energie aus der Ausdehnung und der Kontraktion des Materials selbst, während es getragen wird.

Die niedrigen Spannungen sind nicht stark genug, um vom Träger gefühlt zu werden, aber sie stoppen wirksam die Vermehrung von Bakterien und Viren im Gewebe, so die Unternehmen.

99,9 Prozent der getesteten Bakterien und Viren werden durch das elektronische System unschädlich gemacht, indem es ihre Vermehrung eindämmt oder sie komplett inaktiviert. Nun testen die Unternehmen, ob der Stoff einen besonders argen Feind besiegen kann: das Coronavirus.

Das ist nur eins von vielen Beispielen, wie eine bessere und gesündere Zukunft entsteht.

In dieser Zeit sind der menschlichen Innovationskraft keine Grenzen mehr gesetzt. Alles geht. Einer der wenigen deutschen Stars im Silicon Valley ist der Informatiker und Robotik-Spezialist Sebastian Thrun. Er war Professor für Künstliche Intelligenz an der

Stanford University und Vice President bei Google, wo er die Entwicklung des selbstfahrenden Autos vorantrieb. Dann gründete er 2012 die private Online-Universität Udacity. Aktuell entwickelt er mit einem eigenen Unternehmen Flugtaxis. In einem Interview mit *Spiegel Online* im Oktober 2018[13] sagte der 53-Jährige: »Wir haben bisher maximal ein oder zwei Prozent der interessanten Erfindungen überhaupt gesehen. Das meiste, das für uns heute selbstverständlich zum Leben dazugehört, ob Penicillin, WC, Auto oder Smartphone – das ist alles erst in den vergangenen 150 Jahren erfunden worden.«

Wenn sich einer auskennt, dann Sebastian Thrun. Er weiß: Die Zukunft hat gerade erst begonnen. Die Geschichte der Hardware-Innovationen ist noch nicht zu Ende erzählt, im Gegenteil, sie beginnt erst.

Software – die RNA-Hoffnung.

Medizin und Software, ein weiteres Thema voller Hoffnung für uns. Hier spielt die Musik – und hier spielt Deutschland bei den Visionen für die Zukunft endlich mal ganz vorne mit. Ein Indikator für den Erfolg von Unternehmen in der Zukunft sind die sogenannten Unicorns, Einhörner. So nennt man Start-ups, die über das »Wir starten mal und sammeln Geld ein«-Level hinaus sind. Es sind die Erfolg versprechenden Unternehmen mit den richtig guten Visionen. Visionen, die zwar märchenhaft klingen, aber wahr werden können (auch weil bereits viele Menschen an sie glauben): fliegende Autos und Computer, die mit Gedanken gesteuert werden. Künstliche Intelligenz, die uns das Denken

....

13   www.spiegel.de/netzwelt/gadgets/sebastian-thrun-ueber-ki-und-europas-
      innovationschancen-a-1234845.html

abnimmt. Doch Unicorns nennt man Unternehmen mit märchenhaften Visionen erst, wenn sie eine Marktbewertung von mehr als einer Milliarde Euro bekommen. Im Juli 2020 gibt es etwa 600 dieser Unicorns.

Es gibt unterschiedliche Bewertungen zum Wert der Unternehmen, in der Tendenz führt China derzeit mit etwa 220 Unternehmen, dann folgen die USA mit ca. 210 Unternehmen. Deutschland hat etwa 13 (gemessen an unserer Wirtschaftskraft müssten das viel mehr sein). Das international hochrangigste Unternehmen kommt aus China. Es ist im Bereich Künstliche Intelligenz tätig und es heißt Bytedance, seine Marktbewertung liegt bei satten 75 Milliarden US-Dollar, ungefähr so viel, wie BMW Anfang 2020 wert ist. Zum App-Portfolio des Start-ups gehören viele Unternehmen, zum Beispiel die vor allem bei Teenies hypererfolgreiche App TikTok, eine Nachrichtenplattform, eine chinesische Snapchat-Kopie und eine Social-Media-Plattform mit über 40 Millionen Nutzer*innen in Indien, um nur ein paar zu nennen.

Zurück nach Deutschland, und zwar nach Tübingen. Dort wurde 2000 das biopharmazeutische Unternehmen CureVac gegründet, das sich auf die Entwicklung von Arzneimitteln auf der Grundlage des Botenmoleküls Messenger-RNA spezialisiert hat. Der Gründer von SAP, Dietmar Hopp, hat das Unternehmen massiv unterstützt, ihm gehört die deutliche Mehrheit der Anteile. Im Februar 2015 stieg auch die Bill & Melinda Gates Foundation ein, mit 46 Millionen Euro. Und im Juni 2020 erwarb die Bundesregierung 23 Prozent der Anteile des Unternehmens – für satte 300 Millionen Euro.

Ein ganz schöner Batzen an Steuergeldern, oder? Doch das war eine ziemlich sinnhafte Investition. Warum?

CureVac entwickelt eine neue Klasse von Medikamenten, die die Art und Weise, wie wir Krankheiten bekämpfen, revolutionieren kann.  Die Frage, die man sich hier bei der Forschung stellte, lautet: Was wäre, wenn der Körper seine eigene, individuelle Medizin produzieren könnte? Und CureVac – oder andere Unternehmen, die ähnliche Ansätze verfolgen – ihm nur noch das richtige Rezept liefern müsste? CureVac ist nach eigenen Angaben in der Lage, durch die selbst entwickelte, sogenannte mRNA-Technologie dem Körper direkt die Information zu geben, die er benötigt, um Krankheiten bekämpfen und heilen zu können.

Erste Erfolge gibt es bereits bei Krebstherapien zu verzeichnen. CureVac ist auch eines der Unternehmen, die an einem Impfstoff arbeiten, um den Körper gegen SARS-CoV-2 mit Antikörpern zu schützen.

Am 2. März 2020 traf sich der damalige Vorstandsvorsitzende des Unternehmens mit dem amerikanischen Präsidenten Trump. Trump wollte die Rechte an einem möglichen Impfstoff exklusiv für die USA sichern. Für Mehrheitseigner Hopp war das keine Option und durch die Beteiligung der Bundesregierung kann eine feindliche Übernahme in der Zukunft verhindert werden, wie auch immer sich die Beteiligungsverhältnisse entwickeln.

Die neuen Biotech-Unternehmen und die neuen Konzepte einer individualisierten Medizin haben das Potenzial, Krankheiten zu besiegen und uns gegen Virenangriffe zu schützen.

Das Spiel auf Zeit.

Wir haben jetzt einen kurzen Blick darauf geworfen, was alles noch in der Küche der Konvergenz gegen Krankheiten so zusammengebraut wird. Wie wir aus der traditionellen chinesischen Medizin wissen, gibt es zwei Seiten der Medaille: Medizin bekämpft die Symptome, aber oft nicht die Gründe für das Ausbrechen von Krankheiten.

Es gibt dazu eine Geschichte, die den Unterschied der westlichen zur östlichen Medizin erklärt.

Eine Frau versucht, eine leckere Suppe zu kochen. Leider findet sie in ihrer Suppe Ameisen, die mitessen wollen. Sie geht zu einem westlichen Mediziner, der ihr rät, ein Mittel in die Suppe zu geben, das die kleinen Krabbler tötet. Die Ameisen verschwinden, aber jetzt schmeckt die Suppe scheußlich. Dann fragt sie eine chinesische Heilerin. Die denkt lange nach und sagt dann: Erhöhe die Temperatur des Topfes, dann können die Ameisen erst gar nicht in den Topf gelangen.

Man kann durch natürliche Prozesse viel aus sich selbst heraus heilen. Auch bei Menschen ist es wichtig, dass wir, ganz wie die

Suppe, in Wallung kommen, uns regelmäßig erhitzen, um unser Immunsystem zu stärken.

Die Ursachen für Krankheiten sind zu einem großen Teil in unserem Verhalten angelegt: Wenn wir uns zu wenig bewegen, werden wir krank. Auch da bin ich guten Mutes, denn mein Team und ich sehen anhand von Interviews mit vielen Menschen in Metropolen, dass die Menschen sich auch deshalb mehr bewegen, weil sie inzwischen, zum Beispiel durch Apps, die ihre Daten messen, dazu aufgerufen werden. Heute schon 10 000 Schritte gemacht? Heute den Puls schon einmal auf 130 gebracht? Früher waren solche Werte nur mühsam messbar, heute analysieren Smartphone oder Fitness-Armband unsere Bemühungen und geben uns ein gutes Feedback. Der Effekt? Wir fühlen uns besser, klar. Und das ist ansteckend: Dadurch, dass wir uns durch messbare Bewegungen wohler fühlen, werden auch andere in unserem Umfeld motiviert, etwas für sich zu tun. Runter vom Sofa! Lass das Auto heute stehen und nimm mal das Rad!

Hier tut sich was und das kann man nur begrüßen.

Jetzt komme ich noch einmal zu einer Handlungsempfehlung für Dich. So, wie es aussieht, wirst Du die Chance haben, von all diesen guten Entwicklungen im Biotech-Sektor und vom Einsatz der Technik zu profitieren. Lebe so gesund, wie es geht. Das macht nicht immer Spaß, aber in fünf bis zehn Jahren muss sowieso niemand mehr Angst mehr vor Krebs, Arthrose oder Alzheimer haben. Aufpassen musst Du dann immer noch, aber Deine Chancen, noch lange gesund zu bleiben, steigen.

Du musst auf Deine Gesundheit achten, das ist klar. Aber es gibt noch einen Ansporn. Wenn Du noch fünf bis zehn Jahre gesund bleibst, ist Deine Gefahr, durch eine heute noch gefährliche Krankheit zu sterben, gering und Deine Lebensspanne erweitert sich dramatisch um vielleicht fünfzehn bis zwanzig Jahre. Ein langes Leben winkt Dir in der Zukunft. Und zwar keins, in dem Du kränkelst, sondern fröhlich, körperlich und geistig fit bist.

Nutze jetzt die Möglichkeiten der Prävention. Lass Dich von wissenschaftlichen Erkenntnissen und Technik unterstützen. Stärke Dein Immunsystem durch Bewegung und eine für Dich richtige Ernährung!

Megatrend Ernährung.

Unsere Ernährung war noch nie so ein großes Thema wie heute. Das ist nicht weiter verwunderlich, denn es gibt kaum etwas, das unsere Gesundheit so stark beeinflusst wie das, was wir täglich zu uns nehmen. Wir wissen heute, was wir essen müssen, um unsere Gesundheit positiv zu beeinflussen – und was wir uns lieber nur selten gönnen sollten, um nicht krank zu werden. Noch vor wenigen Jahren war es für viele Menschen undenkbar, auf Fleisch zu verzichten oder auch nur einen fleischfreien Tag in der Woche einzulegen. Heute wissen wir, welche Schwerstarbeit der Körper leisten muss, um es zu verarbeiten und welche Folgen übermäßiger Fleischkonsum abgesehen von Umwelt- und Tierschutz für den Organismus hat. Wir lernten, dass es für den Körper besser ist, sich zum Großteil von Gemüse zu ernähren.

Nie wurde mehr über die Ernährung berichtet, nie mehr geforscht, nie mehr experimentiert als jetzt. Und ich bin mir sicher:

Das ist erst der Anfang. Unsere Ernährung scheint immer mehr zur Schnittstelle zu allen wichtigen Dingen in unserem Leben zu werden. Essen ist Erlebnis, man sieht es, man schmeckt es, man riecht es und man fühlt das Essen im Mund. Essen ist ein Ritual, das dem Alltag eine Form gibt. Essen ist Begegnung, beim Essen treffen wir uns und haben natürlich gleich ein Thema: das Essen. In aller Welt ist es das kommunikativste Thema überhaupt. Haben die Leute vor zehn Jahren auch schon regelmäßig ihr Frühstück fotografiert? Ich denke nicht. Fotos von allem, was auf den Teller kommt, fluten heute die sozialen Medien. Der Wert einer Mahlzeit bemisst sich heute auch daran, ob sie »instagramable« ist, also auch auf dem Bild lecker, schön und gesund aussieht. Den Trend muss man nicht gut finden oder befolgen. Fakt ist: **Durch Instagram und Co werden viele Menschen motiviert, sich überhaupt erst mit gesunder Ernährung zu beschäftigen**.

Im Laufe der Jahrhunderte ist unser Essen immer raffinierter und vielfältiger geworden. Die Bestandteile der Ernährung und die Vorgänge in unserem Körper wurden dekodiert und man versteht jetzt immer besser, was da in unserem Körper geschieht. Und was er braucht oder nicht braucht, um gut zu funktionieren.

Gleichzeitig legen wir längst den Fokus auch nach außen, indem wir uns fragen: Wie kommt die Nahrung eigentlich zu uns? Wird sie nachhaltig und unter fairen Bedingungen produziert? Wer war daran beteiligt? Und wenn es um Tiere geht, die ich esse – wie wurden sie behandelt, mussten sie leiden?

Du bist, was Du isst. Wir haben gerade eine Trend-Studie zum Thema Milchprodukte durchgeführt – ein Bereich, in dem extrem viele Entwicklungen im Gange sind. Es geht überall um die Optimierung der Gesundheit, um Produkte, die funktionale Angebote machen – das heißt, ein Joghurt macht nicht mehr nur satt, sondern gleichzeitig eine hübsche Haut, weil ihm Kollagen zugesetzt wurde. Dabei macht er vielleicht auch noch gleich das Baby schlau, weil DHA (Docosahexaensäure) drin ist, das auch in der Muttermilch enthalten ist und das die Entwicklung des Kindes fördert. Das ist in Asien ein Renner, wo es normaler ist, dass Eltern alles tun, um die Entwicklung und Leistung ihrer Kinder zu optimieren, um sie für den kommenden Konkurrenzkampf der Eliten vorzubereiten.

Da sind Superfoods willkommen, also Lebensmittel, die besonders gut für den Körper sind, zum Beispiel Bittermelone, Blaubeere, Goji, Acai. In der Trendforschung haben wir gerade den Eindruck, dass jede Woche ein neues Superfood entdeckt wird.

Doch Ernährung wird wie gesagt auch immer kritischer bewertet. Alle Nahrung auf tierischer Basis kommt in eine auch nötige Diskussion. Können wir es uns aus ökologischer Sicht überhaupt noch leisten, Fleisch zu essen?

Zeit Online am 6. August 2013:[14]
»Bei der Herstellung eines Kilos Rindfleisch entstehen rund 27 Kilogramm des Klimagases Kohlendioxid. Das ist (...) fast zehn Mal so viel wie beim Kartoffelanbau. Problematisch sind vor allem die Methanemissionen der Verdauung.«

Hinzu kommt einmal, dass ein Drittel aller landwirtschaftlichen Flächen weltweit für den Anbau von Tierfutter verwendet werden. Durch ständiges Abgrasen und Düngen sind die Böden überfordert und drohen unfruchtbar zu werden.

....
14   www.zeit.de/wirtschaft/2013-08/fleisch-konsum-ressourcen

Können wir es uns aus humanistischer Sicht noch leisten, Fleisch zu essen?

Die Massentierhaltung ist für eine entwickelte Gesellschaft nicht mehr vertretbar. Die Haltung der Tiere, der Blick in die Ställe und überhaupt in die fleischverarbeitende Branche gibt ständig Anlass zur Sorge. Hier meldet sich wieder die dritte Krise aus dem zweiten Kapitel: die Systemkrise. Wollen wir wirklich so weitermachen?

Durch das, was wir essen, beziehen wir Stellung. Wie wir uns ernähren, wird auch zum Ausdruck unserer Persönlichkeit. Seit dem Beginn der Social-Media-Welle, Mitte der 2010er-Jahre, wird es auch für Jugendliche immer schwerer, sich individuell in ihrem Umfeld zu verorten und zu positionieren. Da ist eine besondere Art der Nahrungsaufnahme eine Hilfe. Früher war man Punk, trug bestimmte Kleidungsmarken, mit denen man seine Zugehörigkeit deutlich machen konnte. Und heute? Heute ist man strikte*r Veganer*in (klar, da gibt es auch gleich die passenden Sticheleien im Netz, wie zum Beispiel diesen leicht unkorrekten Witz: »Warum gibt es in der Wüste keine Vegetarierer? Weil es da niemand gibt, dem sie es erzählen können …«). Oder man trinkt seinen Gin Tonic nur mit Gin, der aus Zutaten hergestellt wird, die recycelt oder nachhaltig erwirtschaftet wurden – also zum Beispiel mit Obst, das nicht mehr verkauft werden kann, aber nun noch für die Produktion von Gin genutzt wird. Das gibt ein gutes Gefühl und so hat der Gin nicht nur seine Wirkung und seinen Geschmack, sondern auch eine Geschichte, die man liken, teilen und damit erzählen kann.

Und wie ernährst Du Dich? Glutenfrei, low carb, keto, vegan …? Es scheint, als dreht sich die Welt nicht um die Sonne, sondern um eine Bio-Honigmelone … Das meine ich gar nicht kritisch, ich finde, es ist in dieser Zeit, in der wir über unser Leben und wie wir es in der Zukunft leben wollen, nachdenken, richtig und gut, all diese Fragen rund um die Ernährung aufzuwerfen.

Die Zukunft ist nicht schwer zu erkennen: **Wir werden unser Essen immer weiter feiern, differenzieren, verfeinern, individualisieren. Schon lange geht es ja nicht mehr nur um den Genuss, die Ernährung muss zu mir, zu meiner Haltung, zu meinem individuellen Körper und seinen Bedürfnissen passen.**

Noch ein Beispiel: In Tokio gibt es das Sushi-Singularity-Restaurantprojekt, auf das wir bei unserer Arbeit in der Trendforschung gestoßen sind – und das in diesen Tagen im Sommer 2020 an den Start gehen soll.

Die Idee ist interessant. Grundlage dieses neuen Gastronomie-Konzepts ist, dass wir ja alle immer mehr unsere Gesundheitsdaten analysieren und ständig beobachten lassen, darauf bin ich im Kapitel »Neue Wege der Prävention« eingegangen. Dieser Datensammeltrend boomt, wie wir wissen, und er dringt immer mehr in unseren Alltag ein. Das hat auch Auswirkungen auf die Ernährung. In Japan gibt es schon seit langer Zeit Toiletten, die jeden Tag den Urin der Besitzer*innen analysieren und bei unguten Tendenzen den oder die zuständige Mediziner*in verständigen. Hohe Cholesterinwerte? Dann gibt es weder Wurst noch Schinken auf dem Frühstückstisch. Schlechte Leberwerte? Heute ist der Aperitif gestrichen! Genanalysen, Blutanalysen, Speichelanalysen – wir werden in der Zukunft eigentlich non-stop analysiert.

Einwurf. Natürlich stellen sich hier bei Dir die Nackenhaare hoch. Totale Datenkontrolle über Dich? Das willst Du nicht. Willst Du doch. Denn wenn Du auf Basis dieser Daten nie mehr krank wirst, weil die Prävention so zuverlässig ist, dass Krankheiten im allerfrühesten Stadium aufgespürt werden und durch rechtzeitige Korrekturen gar nicht mehr zum Ausbruch kommen, dann willst Du das auch. Es sei denn, Du willst das Risiko eingehen, krank zu werden und früh zu sterben. Das widerspricht aber krass Deinem evolutionären Auftrag. Wir sind mit einer Software auf die Welt gekommen, die auf Überleben programmiert ist.

Aber zurück zur Ernährung und unserem Restaurant in Japan.

Das Gastro-Projekt verbindet Deine individuellen Daten mit individueller Ernährung. Wie?

Wenn Du als Gast in diesem Restaurant erscheinst, wird Dein Gesicht gescannt, es wird erkannt und somit weiß der Koch, was Du und Dein Körper idealerweise zu sich nehmen sollten, denn er hat Deine Daten und weiß, was Dir fehlt. Krasser Mangel an irgendwelchen Enzymen? Jodmangel, oh-oh … dann heute vielleicht den Seefisch?

Du nimmst an der Sushibar Platz und bis jetzt ist noch alles so wie gewohnt. Aber auf der Menükarte findest Du eine Auswahl von Gerichten, die es nur für Dich gibt und die individuell für Dich optimiert werden. Da sind schon mal all die Leckereien verschwunden, die nicht gut für Dich sind, sorry. Du wählst eines dieser hübschen kunstvoll designten Objekte aus, die noch entfernt an Sushi erinnern. Es sind allerdings regelrechte

Nahrungs-Kompositionen, die in der Küche mithilfe eines 3-D-Druckers in kürzester Zeit zusammengebaut werden. Gebaut, nicht gekocht. Wir haben diese Gebilde in ersten Konzept-Videos gesehen. Sie sehen komisch, aber nicht unbedingt unappetitlich aus. Die Revolution ist, dass jeder dieser kleinen Nahrungsblocks Dich optimal versorgt und sogar Deine Gesundheit verbessert.

Bei Übergewicht gibt es also keinen Zucker, keine schlechten Fette, kleine Portionen und einen hohen Salatanteil etc. Und wenn Du Probleme mit dem Blutdruck hast, wird auch das berücksichtigt. Wenn Du in letzter Zeit ein wenig gestresst warst – Deine Blut- oder Urinwerte werden auch das verraten –, bekommst Du ein bisschen CBD beigemischt, das ist das, was bei der Hanfpflanze nicht für den Rausch, sondern für die Entspannung verantwortlich ist.

Du gehst nicht nur satt, sondern gesünder, fokussierter oder entspannter aus dem Restaurant. Das wird nicht gerade billig, aber Du sparst Dir dafür den Arztbesuch in der Zukunft.

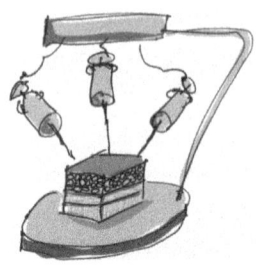

Nichts für Dich? Kann ich verstehen. Aber die Welt wird sich ändern, und was heute das Rauchen ist, wird in der nahen Zukunft das ungesunde Essen sein. Erst steigt der Preis, weil ungesundes Essen massiv besteuert wird. Du willst zum Steak die Pommes mit gesättigten Fetten? Kannst Du haben, aber die Pommes sind dann teurer als das Steak, weil die Kosten für die Behandlung der Folgeschäden dort gleich mit eingepreist sind. Wobei wir sicher sein können, dass in naher Zukunft ein Steak, wenn es nicht »labgrown«

ist, also aus der Petrischale und somit pflanzlich ist, sehr teuer für uns Duchschnittsbürger*innen sein wird. Die Kosten für die Produktion eines tierischen Steaks und die Kosten, die anfallen, damit es klimaneutral wird, müssen umgelegt werden.

Für das Restaurant gibt es in der Zukunft noch ein ziemliches Datenproblem. Denn solch eine individuelle Küche ist natürlich nur dann möglich, wenn die Köch*innen in der Küche, oder besser die Nahrungsmittel-Analyst*innen im Küchenlabor, an Deine Daten kommen. Grundsätzlich ist das ja nicht falsch, wenn wir noch Herr unserer Daten wären. Die werden aber, wenn wir nicht aufpassen, nicht uns gehören, sondern denen, die die Daten sammeln. Oder glaubst Du, dass Deine Herzwert-Daten, die ein asiatisches Unternehmen über eine Smartwatch sammelt, Dir gehören? Dann vertiefe Dich mal in das digitale Kleingedruckte. Mit der Nutzung all dieser Geräte stimmst Du zu, dass das Unternehmen, das die Hardware stellt, auch die Daten verwenden kann. Das heißt:

Das Restaurant der Zukunft muss einen Vertrag mit einem dieser Datensammler eingehen, um für Dich das perfekte Dinner zu komponieren. Das bedeutet eine hohe Abhängigkeit von denen, die die Macht, sprich: die Daten haben. Oder andersherum. Entweder hat der nette Italiener um die Ecke einen Datenvertrag mit Google, Apple, Baidu oder Samsung. Oder er hat keinen Datenvertrag. Dann macht der nette Italiener was anderes, aber seine Gastronomiekarriere endet hier, denn ohne Zugang zu Deinen Daten ist er raus aus diesem Spiel.

Du bist, was Du isst – auch und erst recht in der Zukunft. Dabei geht es auf einmal nicht mehr nur um Inhaltsstoffe und Kalorien, sondern um die Geschichte dessen, was auf unseren Teller kommt.

Wie es produziert wurde, welchen Weg es zu uns genommen hat und ob wir uns am Ende schuldig fühlen müssen, wenn wir uns an der Supermarkttheke für das Falsche – weil nicht nachhaltig oder das Tierwohl respektierend – entschieden haben. Ernährung ist ein sehr komplexes Thema geworden.

> **Ernährung ist nicht nur ein leckerer Spaß, es wird ernst. Übernimm Verantwortung für das, was Du isst. Dazu musst Du Dich mit dem vielfältigen Thema intensiv auseinandersetzen, wenn Du das nicht eh schon machst.**
>
> **Wenn Du Dich richtig ernährst, wirst Du besser und länger leben und auch etwas für die Gemeinschaft tun können, indem Du nachhaltig und bewusst einkaufst, was auf den Teller kommt.**

Mentale Gesundheit.

Der Druck auf uns nimmt schon lange zu. Burn-out, Depressionen, Schlafstörungen und Beziehungsprobleme sind schon seit vielen Jahren auf dem Vormarsch. Und jetzt nimmt auch noch durch die aktuellen Krisen, die uns noch lange begleiten, die Unsicherheit zu. Viele Menschen machen sich Sorgen, sind überfordert. Große Themen wie Globalisierung, Internet, eine ungewisse Zukunft und dann noch konkrete neue Herausforderungen wie zum Beispiel das Arbeiten im Home-Office. Das führt zu einer hohen psychischen Belastung.

Die AOK hat zum Arbeiten im Home-Office bereits 2019 eine Studie durchgeführt.

Die Umfrage des Wissenschaftlichen Instituts der AOK für den Fehlzeiten-Report 2019, an der 2000 Beschäftigte zwischen 16 und 65 Jahren teilnahmen, ergab, dass Konzentrationsprobleme, Schlafstörungen und Gereiztheit im Home-Office häufiger auftreten.[15]

Klar, das war zu erwarten. Das »richtige« Arbeiten im Home-Office müssen wir in den kommenden Jahren erst noch lernen. Gerade haben wir für ein japanisches Unternehmen eine Studie durchgeführt und da sehen wir, dass ein Problem des Zu-Hause-Arbeitens ist, dass man gar kein Ende findet und viel mehr arbeitet. Die Trennlinie zwischen Privatem und Job verwässert.

Generell kann man sagen, dass die psychischen Störungen auf breiter Front zunehmen.

Die Deutsche Gesellschaft für Psychiatrie und Psychotherapie, Psychosomatik und Nervenheilkunde e. V., kurz die DGPPN, meldet für 2018: Jede*r vierte Erwachsene in Deutschland erfüllt die Kriterien einer psychischen Erkrankung. Fünfzehn Prozent aller Arbeitsunfähigkeitstage pro Jahr entfallen auf psychische Störungen.

Auch die Rentenversicherung registriert in den vergangenen zehn Jahren eine besonders starke Zunahme psychischer Erkrankungen: 2018 wurden mehr als 170 000 stationäre Rehabilitationen wegen psychischer Krankheiten bewilligt, über 50 000 mehr als zehn Jahre zuvor. Das entspricht einem Anstieg von 40 Prozent![16]

15   www.aok-bv.de/presse/medienservice/ratgeber/index_22687.html
16   www.pharmazeutische-zeitung.de/haeufigster-grund-fuer-berufsunfaehigkeit/

Was bedeutet das für unser Leben? Es geht uns doch gut, die Rahmenbedingungen unseres Lebens haben sich stetig und objektiv verbessert. Dennoch scheinen wir zunehmend gestresst und unglücklich zu sein. Der Fokus verlagert sich von der Suche nach materiellen Dingen hin zu einer Suche nach Ausgeglichenheit, Gelassenheit, Zufriedenheit und Glück.

Yuval Harari schreibt in seinem Buch *Homo Deus. Eine Geschichte von Morgen*, dass das nächste große Projekt der Menschheit die Suche nach Glück ist.

Und da haben wir noch großen Lernbedarf. Wir haben zwar gelernt, wie man den Satz des Pythagoras anwendet, aber nicht, wie man seine Zufriedenheit steigert oder sein Glück findet. In der amerikanischen Verfassung steht, dass die Menschen das Recht haben, nach dem Glück zu streben, dort steht aber nicht, wie das geht. Viele Wege, die bei dieser Suche helfen, werden aktuell zu immer größeren Trends. Die Spiritualität boomt. Es wird in der Esoterik oft nach Abkürzungen zum Glück gesucht, Meditation war noch vor wenigen Jahren eine Ausnahmeerscheinung, jetzt wird sie von immer mehr Menschen praktiziert.

Das ist nicht nur ein deutsches Thema. Wir haben eine Studie für ein großes Tourismusunternehmen durchgeführt, dort wollte man wissen, was die Beweggründe für das Reisen der Zukunft sein werden. Überall in den Metropolen der Welt, so haben wir herausgefunden, nehmen der Stress und die Unzufriedenheit zu. Überall, von Seattle über Istanbul und von Dubai über Singapur bis Hongkong wurde geklagt. Über zu viel Arbeit und somit zu wenig Zeit für das Familienleben, über ein Unwohlsein über die eigene materiell oft besser werdende, auf emotionaler Ebene aber schlechter werdende Situation. Überall Beziehungsprobleme, Essstörungen, Versagensängste, Burn-outs, Depressionen und daraus folgend auch körperliche Probleme. Es läuft etwas ganz grundlegend schief. Keine gute Ausgangslage, um die kommenden Krisen gelassen und in sich ruhend zu bewältigen.

Die Nachfrage nach praktischer Hilfe auf dem Weg zu einem ausgeglichenen Gemüt und einer besseren Widerstandsfähigkeit steigt stark an.

Das Selfie-Phänomen.
Bei all den problematischen Entwicklungen muss man sich ja fragen: Wie konnte es dazu kommen, dass wir so wenig psychische Widerstandskraft haben?

Dazu eine kleine Reise zurück in die Zeit, als Eltern in den 80ern auf der Suche nach dem richtigen Erziehungskonzept waren.
Damals hieß es, dass Eltern ihre Kinder mit viel Lob in dem bestätigen sollten, was sie tun. Um ihnen Sicherheit zu geben, sie zu festigen.
Klingt erst mal gut. Aber schauen wir genauer hin.

Diese Theorie entstand in den 1980er-Jahren, wie der Autor Will Storr in seinem Buch *Selfie: How the West Became Self-Obsessed* beschreibt.[17]
Damals war John Vasconcellos, ein kalifornischer Politiker, davon überzeugt, dass ein geringes Selbstwertgefühl das Herzstück praktisch aller sozialen Probleme sein müsste. Mehr Lob – und

....
17   Storr, Will: *Selfie: How the West became Self-Obsessed*, Picador 2018

die Schulergebnisse würden besser werden und die Gewalt an den Schulen abnehmen. Er gab eine wissenschaftliche Studie in Auftrag, die jedoch keine Beweise für seine Thesen lieferte. Vasconcellos interpretierte die Ergebnisse einfach in seinem Sinne um und verkündete, ein gestärktes Selbstwertgefühl bei Kindern sei der Schlüssel zur erfolgreichen Erziehung. Diese Botschaft wurde über viele Medien verbreitet und Eltern in aller Welt nahmen das Konzept der unbedingten Bestätigung auf.

Aus diesem Überschuss an Lob entstand jedoch ein neues Problem bei Kindern und Jugendlichen – und damit Erwachsenen von heute: ein hoher Selbstbezug.

Dann kam das Internet und damit die Zeit der sozialen Medien. Die ersten Websites starteten 1997, MySpace kam 2003 und Facebook startete 2004. Instagram folgte 2010. Diese Plattformen sind ein perfektes Instrument, um die eigene Einmaligkeit weiterhin zu betonen und noch zu verstärken.

So steht das Ich immer stark im Vordergrund. Die Anzahl der Follower ist längst zur Messgröße der eigenen Wichtigkeit geworden.

Ein Indikator ist die Schwemme von Selfies, und vor allem Jugendliche machen täglich immer mehr Fotos von sich selbst.

Ein Unbehagen bleibt, denn als Teilnehmer*in des Spiels in den sozialen Medien weiß man ja, dass man nicht das wahre Selbst zeigt, sondern eine geschönte Version, in der man viel interessanter und optimierter aussieht als das, was man morgens im Spiegel sieht. Zudem helfen Apps hier mit unendlichen Filter-Angeboten, bei denen sicher einer den gewünschten Optimierungs-Effekt hat.

Was man von Freund*innen im Netz sieht, ist ebenso geschönt. Deren Welt muss eine bessere als die eigene sein, denn all die anderen sind ständig bei den besseren Partys an den schöneren Orten und sie sehen auch besser aus.

Dieses Unbehagen wird aktuell immer öfter angesprochen. So thematisiert es auch Elon Musk in seinem legendären Podcast mit Joe Rogan am 7.9.2018, bei dem er vor laufender Kamera einen Joint raucht – was ja in Kalifornien legal ist. In dem Podcast legt er seine Meinung zu den sozialen Netzen dar: Die Jugendlichen vergleichen sich ständig mit anderen. Sie sehen die optimierten Beiträge in den Netzen und fühlen sich traurig – denn sie selbst sind nicht so glücklich wie die Menschen auf den Bildern.

Sie bekommen ständig eine geschönte Realität zu sehen, die sie unglücklich macht und ihr Selbstwertgefühl schwächt.

Das Selbstwertgefühl wird anschließend noch schwächer, denn nicht immer bekommt man ein gutes Feedback. Man inszeniert sich möglichst positiv, doch oft folgen dann kritische, oft zynische oder negative Kommentare der Peergroup. Die werden in den sozialen Netzen gefördert, denn es sind Algorithmen, die entscheiden, welche Inhalte und Kommentare bevorzugt verbreitet werden. Hier punkten leider die negativen Kommentare, denn die Algorithmen sind auf der Suche nach »Engagement«. Das ist die Währung der sozialen Netzwerke. Die User*innen in diesem Spiel müssen teilnehmen, sich einbringen, sonst wächst ihr soziales Netz nicht. Und es bringen genau die Beiträge mehr Engagement, die negative Emotionen auslösen. Negative emotionale Aussagen erzeugen mehr Feedback und halten länger vor als positive Aussagen. Aus dieser Perspektive gesehen, sind die sozialen Netzwerke nicht sehr sozial.

Und sie sind kostenfrei zu nutzen und das sollte uns zu denken geben. In Bezug auf das Geschäftsmodell heißt es im Netz: »Wenn etwas kostenlos ist, bist Du das Produkt.« Der Preis sind unsere Daten, die wir oft auf der Suche nach Bestätigung preisgeben. Dieser Preis ist zu hoch.

Wir befinden uns in einem Teufelskreis: Ein Zuviel an Lob führte zu sehr auf sich selbst konzentrierten Jugendlichen, die deshalb heute so gerne im Netz sind, da sie hier durch Selbstinszenierung eine Bestätigung finden. Die wiederum kehrt sich ins Gegenteil und schwächt ihr Selbstbewusstsein und die Widerstandsfähigkeit sinkt.

Das sind nun die Entwicklungen, die können wir nicht mehr aufhalten. Umso wichtiger, dass Kids von ihren Eltern und in der Schule im kritischen Umgang mit Social Media geschult werden und dass wir Älteren ein gutes Vorbild geben. **Nutzen wir die sozialen Medien, um gute Gedanken zu teilen, Visionen zu entwickeln, und nicht dazu, eine geschönte Sicht von uns oder einer hübsch gefilterten Realität zu posten.**

Nicht alles, was digital ist, hilft auf dem Weg in die Zukunft. Eigene Netzwerke aufzubauen, die wir pflegen und durch analoges Treffen verstärken, ist absolut hilfreich. Aber wir sollten sehr skeptisch und vorsichtig im Umgang mit den sozialen Netzen sein. Wenn wir ihren Einfluss und ihre schwächende Kraft reduzieren, werden wir stärker und widerstandsfähiger.

Resilienz.

So sieht es aus, wir suchen und benötigen dringend mehr Resilienz. Dabei geht es um das Verbessern der eigenen mentalen Widerstandskraft. Und von dieser Widerstandskraft brauchen wir alle in der nahen Zukunft eine ganze Menge. Was tun, wenn mal etwas nicht gut läuft – so wie jetzt in Zeiten der Krise?

Auch unsere Ambiguitätstoleranz (von lateinisch »ambiguitas«, Mehrdeutigkeit) scheint aktuell eher schwach ausgeprägt zu sein. Es ist die Fähigkeit, gerade unsichere Phasen wie die aktuelle und die noch kommenden Krisen zu ertragen. Sie wird auch als Unsicherheitstoleranz bezeichnet. Noch können viele von uns Unsicherheiten kaum oder nur schwer ertragen. Ich bin aber sicher: Das wird sich bald ändern.

Und wie kann man seine eigene Widerstandsfähigkeit stärken? Das ist eine sehr individuell zu beantwortende Frage. In meinen Vorträgen gebe ich immer einige Hinweise.

Die Resilienzforschung existiert erst seit den 50er-Jahren.
Wissenschaftler*innen wie Glen Elder und Emmy Werner haben versucht herauszufinden, was Menschen resilienter macht.[18] Das Wort Resilienz kommt aus dem Lateinischen »resilire« und bedeutet in etwa »zurückspringen« oder »abprallen«. Es findet sich auch in der Physik oder Biologie. Resiliente Ökosysteme zum

....
18   www.entwicklung-der-persoenlichkeit.de/resilienzforschung

Beispiel sind in der Lage, sich relativ schnell neuen Bedingungen anzupassen.

Eine wichtige Erkenntnis aus der Forschung ist, dass man lernen kann, seine psychische Widerstandsfähigkeit zu stärken.

Also los. Der erste Ansatz ist die Erkenntnis, dass wir, um resilient zu werden, priorisieren müssen. Dazu müssen wir erst mal wissen, was wichtig in unserem Leben ist. Marie Kondō, die japanische Aufräum-Meisterin, zeigt, wie man den Müll, den wir im Laufe der Zeit in unseren Wohnungen sammeln, loswird. Wir häufen zu viel an. Es ist ein bisschen so, als würden wir uns die Taschen mit allerlei Zeug vollstopfen und uns dann wundern, dass wir kaum noch gehen können. Wir sind nicht mehr agil genug, um geschmeidig reagieren zu können.

Und wie mit dem Hausmüll ist es auch beim geistigen Müll: Wenn wir zu viel im Kopf haben, zu viele Projekte organisieren müssen, lähmen wir unsere geistige Spontanität und verlieren uns in endlosen To-do-Listen. Die werden immer länger, wir fühlen uns immer schlechter und die psychische Belastung nimmt stetig zu. Unsere Aufmerksamkeit läuft total aus dem Fokus. **Wie beim Aufräumen sollten wir uns mental auch auf die wichtigen Projekte konzentrieren und alles andere streichen.** Leicht gesagt, ich weiß. Zudem steht noch die Frage an: Was ist wichtig? Die ist aber gar nicht so schwer zu beantworten, wenn man sich nur ein wenig Zeit nimmt.

Wenn man in Workshops Manager*innen fragt, was das Wichtigste in ihrem Leben ist, kommt oft schnell eine klare Antwort. Zum Beispiel: Meine Familie ist mir wichtig. Ich will viel Zeit mit den Kindern verbringen. Wenn man diese Manager*innen dann aber bittet, aufzuschreiben, wie sie ihre Zeit verbringen, sieht man eine ganz andere Priorisierung. Meist steht der Job im Vordergrund und die Familie deutlich weiter unten auf der Liste. Da liegt das Problem. Wenn ich klar erkenne, was mir wichtig ist, dann muss ich meine Prioritäten auch danach ausrichten. Die Aufgabe ist jetzt, mehr Zeit für die persönlich wichtigen Ziele zu verwenden. Man sollte sich in unsicheren Zeiten unbedingt bewusst machen, worauf man sich konzentrieren will, und darauf hinarbeiten. Wenn es die Zeit mit den Kindern ist, dann findet man einen Weg. Ich habe es zum Beispiel viele Jahre so gemacht, dass ich morgens früh aufgestanden bin und mich zu meinen Kindern ins Bett gelegt habe, um ihnen erst einmal ein paar Geschichten zu erzählen. Das war die wertvollste Zeit am ganzen Tag für mich, und wenn ich abends länger arbeiten musste, konnte ich mich wenigstens schon auf den Morgen mit meinen Kindern freuen. Das entspannt und macht auch resilienter.

Hierzu noch ein Strukturierungs-Tipp. In meinem letzten Buch habe ich schon einmal über die sogenannte SOK-Regel geschrieben, die ich sehr schätze. Es ist eine Technik, die die Gerontologen Margret und Paul Baltes in den 1980er-Jahren entwickelt haben. Sie soll eigentlich älteren Menschen helfen, gut durchs Leben zu kommen, ist aber für jedes Alter und in jeder Situation eine gute Hilfe. Die Buchstaben S, O und K stehen für drei einfache Grundsätze:

Selektiere das, was Du tust und in das Du Deine Zeit investierst.
Optimiere das, was Du machst.
Kompensiere Deine Schwächen.

Das klingt jetzt nicht gerade revolutionär, zugegeben, funktioniert aber sehr gut. Wie diese Regel hilft, wird an einem Praxisbeispiel deutlich: Der Pianist Arthur Rubinstein gab noch im hohen Alter Klavierkonzerte. Natürlich wurde er gefragt, wie ihm das denn gelinge. Seine spannende Antwort:

- Ich spiele nicht mehr alles (Selektion).
- Ich übe das, was ich spiele, umso mehr (Optimierung).
- Da ich die schnellen Passagen in meinem Alter nicht mehr so schnell spielen kann, spiele ich die Passagen davor ein wenig langsamer, sodass die Geschwindigkeit der dann folgenden Passagen deutlich schneller wirkt (Kompensation).

Für die aktuelle Zeit übersetzt heißt das: **Selektiere Deine Projekte. Wenn Du immer mehr auf der To-do-Liste hast, bist Du zunehmend gestresst und kommst in einen Teufelskreis des ständigen Abarbeitens – ohne Prioritäten überhaupt noch erkennen, geschweige denn bewerten zu können.**

Optimiere Deine Fähigkeiten. Du kannst so viel, und was Du kannst, kannst Du noch verstärken, so gibt es zum Beispiel unendlich viele Tipps zu jedem Thema auf YouTube, in Webinaren oder über Apps. Wenn Du willst, lernst Du, Klavier zu spielen. Nicht gleich so gut wie Arthur Rubinstein. Aber wenn Du musikalisch bist, helfen Dir Apps mit einfachen Lernprogrammen, immer besser zu werden. Zur Optimierung brauchst Du Zeit, die Du dafür zur Verfügung stellen musst. Sie ist sicher sehr gut investiert.

Kompensation hat viele Optionen. Du solltest das, was Du nicht so gut kannst, delegieren, um Deine Zeit eher für die Optimierung Deiner Stärken einzusetzen. Ich nutze ein Programm für meine Steuererklärung, das mir viel Arbeit abnimmt. Wenn Du nicht gern Ideen frei vorträgst, nutze eins dieser mächtigen

Präsentationsprogramme, die geben Dir Halt. Niemand muss perfekt frei reden, das soll aber für Dich auch keine Ausrede sein, Deine Gedanken nicht einmal sauber auf ein paar Slides zu schreiben und dann vorzulesen. Das kann viel klarer sein als all die fahrigen Vorträge und Du kompensierst elegant das, was Dir nicht so liegt.

(Mich nervt übrigens dieses PowerPoint-Bashing. Als wenn das Programm an den vielen schlechten Vorträgen schuld wäre. Ja, wenn man sich keine Mühe gibt, nicht versucht, seine Vorträge zu optimieren, dann sehen die Vorträge katastrophal aus, beleidigen das Auge und motivieren nach drei Minuten Vortrag die Zuhörer*innen, ihr Smartphone herauszuholen und Mutti eine SMS zu schicken ... Aber das ist nicht das Problem des Programms, sondern das Problem derjenigen, die es nicht bedienen können).

Mein zweiter Hinweis ist neben der Priorisierung unseres Tuns die Befreiung von Reaktionsmustern. Es ist wichtig, dass wir uns klarmachen, dass wir als Menschen sehr stark automatisiert auf den Input dieser Zeit reagieren. Werden wir beschimpft, fahren wir gleich die emotionalen Schilde hoch und das Adrenalin jagt durch den Körper, ohne dass wir die Situation erst einmal ruhig bewerten. Lesen wir in den Medien von einer bedrohlichen Pandemie, reagieren wir mit Angst, ohne auch nur auf die statistischen Daten zu schauen, die uns zeigen könnten, ob unsere Angst wirklich angemessen und berechtigt ist.

Immer wieder sollten wir zurücktreten und schauen, was da in uns abläuft. Das ist sinnvoll, da wir dann Herr oder Frau der Lage sind und frei reagieren können und nicht äußere Faktoren unsere Reaktion bestimmen. Machen wir nur nie, oder ganz selten. Das kann man aber lernen und es empfiehlt sich wirklich, es zu üben, um resilienter durch die Zukunft zu navigieren.

Ich möchte Dir an dieser Stelle noch eine Übung vorschlagen. Sie hilft Dir, zu erspüren, was in einer Stresssituation in uns abläuft und wie emotional und automatisch wir dann reagieren: Du stehst mit Deinem Auto als erster Wagen vor einer roten Ampel. Die wird grün. Und Du machst jetzt einmal ganz bewusst nichts. Nur in Dich hineinfühlen. Spannend, denn da geht es jetzt richtig ab. Die ersten Wagen hinter Dir fangen an zu hupen. Du spürst die aufkommende Wut der Menschen in den Autos hinter Dir, wirst nervös und nervöser ... Aber halte das ein bisschen aus, bevor Du dann bitte zügig losfährst.

Was Du da gerade erlebt hast, zeigt, wie eine äußere Situation Dich stresst. Du hast sie selbst herbeigeführt, aber die Reaktion in Deinem Körper war doch sehr heftig. Nun kannst Du daran arbeiten, ob Du Dich automatisch stressen lassen musst. Musst Du nämlich gar nicht! Du kannst lernen, Herr oder Herrin Deiner Gefühle und Deiner Lage zu sein. Dann fällst Du – nicht ein evolutionär auf emotionale Reaktionen getrimmtes System in Dir – die Entscheidung. Es wird aktuell so viel über Achtsamkeit gesprochen, und hier hilft sie. Achte auf Dich, richte Deine Aufmerksamkeit auf die positiven Dinge und nicht auf die bedrohlichen News, die jetzt ständig in den Nachrichten und der

Presse vorkommen und die aus Sensationsgier immer dramatischer klingen.

Diese Abkopplung von den automatisch ablaufenden Prozessen, die Dich immer wieder beherrschen, lernt man bei Achtsamkeitsübungen und beim Meditieren – was ich natürlich in diesen Zeiten auch sehr empfehle. So einfach, so wenig Mühe:

Setze Dich einfach hin und achte auf Deine Gedanken, die Dich ständig irgendwo hinleiten wollen. Mach dies, mach das, denk an Oma. Hat der Wagen eigentlich noch TÜV? Bei der Meditation lernst Du, bewusst zu erkennen, dass diese Gedanken Dich hier- und dorthin hetzen. Doch wenn man erst einmal erkannt hat, wie das Spiel im Kopf läuft, kannst Du es nach und nach besser kontrollieren und es herrscht irgendwann ein kleines bisschen mehr Ruhe. So wirst Du stärker, kannst Dich besser strukturieren und bist widerstandsfähiger.

Um diese Klarheit zu erreichen, gibt es noch einen Trend, über den wir weltweit gerade viel hören. Er kommt aus Japan und es gibt einen sehr schönen Namen dafür: Shinrin Yoku, Waldbaden. Es geht darum, möglichst viel Zeit in der Natur zu verbringen, die Waldatmosphäre sozusagen bewusst einzuatmen. Man hat durch Studien herausgefunden, dass schon das bloße Gehen im Freien einen positiven Effekt hat, denn hier wird das Gehirn durch die abwechselnden Schritte (bilaterale Stimulation) positiv beeinflusst. Zum anderen wirkt sich das Waldbaden aber auch positiv auf unsere Konzentrationsfähigkeit, unser Wohlbefinden und unsere Kreativität aus. Zahllose Studien weisen positive Effekte des Waldbadens nach[19] – und es ist nur logisch, dass sich die sogenannte Waldtherapie immer mehr als medizinischer Fachbereich etabliert (zum Beispiel durch die Vereinigung INFTA, die

....
19   www.brainperform.de/waldbaden-shinrin-yoku/

International Nature and Forest Therapy Alliance, die jetzt auch Therapeut*innen in Deutschland ausbildet).

Also auf zum Waldbaden, das spart Dir eventuell den ein oder anderen Gang in die Therapie-Praxis.

> In dieser Zeit brauchst Du eine hohe Widerstandsfähigkeit. Nicht Angst und Sorgen vor der Zukunft sollten Dein Denken und Handeln bestimmen, sondern die Prioritäten, die Du festlegst. Es ist Deine Agenda, es ist Dein Leben. Selektiere, was Dir wichtig ist, optimiere, was Du kannst, und lass Dir dort, wo Du nicht so gut bist, helfen.
>
> Wenn Du, statt auf äußere Situationen zu reagieren, selbstbestimmt und bewusst handelst, dann sollte es Dir leichtfallen, die richtigen Entscheidungen für die Zukunft zu treffen. (Und mach mal Pause und geh zum Chillen in den Wald.)

Immer besser werden.

Okay, nahe Zukunft: Wir haben die Krankheiten durch bessere Prävention und neue Ansätze wie die Biotechnologie besiegen können. Wir tun eine Menge für unsere geistige Gesundheit. Und jetzt? Jetzt kommt noch eine wichtige Entwicklung, auf die Du Dich freuen kannst!

Jetzt werden wir einfach immer besser, auch im Alter. Da tut sich heute schon eine ganz neue Dimension auf: Wir können mithilfe von Biotech besser werden. Mit 70 noch einen Marathon laufen? Das könnte durch gezielte Stimulation unserer Muskeln möglich werden. Noch mit 90 eine Doktorarbeit schreiben?? Möglicherweise machbar durch Optimierung unserer Konzentration. Die

Sinne signifikant optimieren? Ohne Fern-
glas in die weite Ferne gucken? Mehr
riechen? Besser hören? In der nahen Zukunft möglich durch die Integration von
Technologie in den menschlichen Körper,
Stichwort ist hier der Transhumanismus.
Die Idee dahinter ist, dass wir die mensch-
lichen Fähigkeiten durch den Einsatz von Technologie erweitern.

Durch die gezielte Verschmelzung beider können wir neue Schritte der Evolution realisieren. Das Smartphone ist bereits ein Schritt
dahin, denn es ist längst fast ein Teil unseres Körpers geworden.
Versuch mal, einem 16-Jährigen sein Smartphone abzunehmen,
das löst physischen und psychischen Schmerz aus, wie bei einer
Amputation ...! Aber natürlich geht es hier weiter. Chip-Implan-
tate, die unter der Haut platziert werden, um dann automatisch
Türen öffnen zu können, und mehr. Immerhin sollen schon zwischen zwei- und dreitausend Menschen in Deutschland und etwa
dreitausend Schwed*innen winzig kleine NFC-Chips unter der
Haut tragen. Die sind so groß wie ein Reiskorn und werden für ca.
80 bis 150 Euro mit einer Spritze in der Regel in den Handrücken
implantiert. Der Chip fällt nicht auf und arbeitet so wie ein NFC-
Chip in einer Kreditkarte: Er erleichtert Zahlungsvorgänge und
öffnet Türen. Wer weiß, vielleicht fängt er morgen schon warnend
an zu vibrieren, wenn wir zu lange im Netz surfen oder im Le-
bensmittelgeschäft zu den Schokosnacks statt zum Obst greifen?

In der Zukunft werden wir Schritt für Schritt unsere Fähigkeiten
verbessern. Es gibt noch ein paar weitere interessante Entwicklungen, die ich dir nicht vorenthalten will. EEG-Stirnbänder helfen bei der Meditation, das habe ich selbst getestet. Sie messen,
ob man wirklich in die tiefe Entspannung einer Meditation

kommt. Wann meditiere ich richtig, wann ist Meditation vielleicht nur Zeitverschwendung? So gibt es für unter 300 Euro einen Meditations-Assistenten, der Dir hilft, in den Flow-Zustand zu kommen, indem er anzeigt, ob Du in den erwünschten entspannten Geisteszustand gelangst.

 Man legt ihn wie ein Stirnband an. Dann kommen Kopfhörer auf die Ohren und die zugehörige App wird gestartet. Man fängt an zu meditieren und es gibt ein akustisches Feedback. Das heißt, Du hörst, wie Du denkst, oder besser, Du hörst, wenn Du weniger denkst. Die Elektroenzephalografie misst die Aktivität der Hirnströme. Akustisch bekommst Du ein Feedback, zum Beispiel in Form von Wettergeräuschen.

Wenn Dein Geist unruhig ist, hörst Du heftigen Sturm im Kopfhörer. Wenn sich die Gehirnwellen beruhigen, wird es ruhiger und Du weißt, Du bist auf dem richtigen Weg. Das ist für mich wirklich ein großer Schritt, denn ich schätze es sehr, in stürmischen Phasen voller Stress zu meditieren. Leider wusste ich nie, ob das wirklich gut klappt. Jetzt kann ich Erfolge erstmals messen und mich so immer weiter verbessern.

Du kannst Du nicht gut und tief schlafen? Eine Erkenntnis der letzten Jahre ist, dass Schlaf noch viel wichtiger für uns ist, als wir immer dachten. Wir brauchen unseren Schlaf – auch, um in Zeiten der Unsicherheit gut aufgestellt zu sein. Das Gehirn ist im Schlaf schwer beschäftigt, es braucht die Zeit für wichtige Aufräum- und Reparaturarbeiten. Stark geforderte Nervenzellen werden regeneriert und fahren wieder runter, um fit für den neuen Tag zu sein.

Nun gibt es Geräte, die den Schlaf nicht nur kontrollieren, sondern auch optimieren. Sie messen eine Menge Körperdaten und stellen zum Beispiel die Heizung auf die perfekte Temperatur ein, während du schläfst. Oder helfen mit Sounds, Vibrationen und Lichtspielen, Dich sanft ins Land der Träume zu begleiten.

Dann gibt es Geräte, die die Neuroplastizität des Gehirns erhöhen sollen. Eines sieht aus wie ein normaler Kopfhörer. Es ist aber ein Neurostimulationsgerät, das über Impulse durch ein schwaches elektrisches Feld durch die Kopfhaut die Verbindung zwischen Hirn und Muskeln anregen soll. So soll dieses Gerät auch beim Sport helfen, schneller bessere Ergebnisse zu erzielen.

Mein Team und ich sind bei unseren Recherchen noch auf die sogenannte transkranielle Gleichstromstimulation gestoßen, dabei werden Elektroden am Kopf angebracht, sodass ein schwacher Strom durch den vorderen Teil des Gehirns fließt, um es zu stimulieren. In der Medizin wird diese Technik bei Schlaganfallpatient*innen eingesetzt. Der Markt entwickelt sich rasch, es sind schon Geräte auf dem Markt, die auch die Hirnleistung gesunder Menschen verbessern sollen. All diese Entwicklungen werden aktuell durch die zunehmende Angst vor Demenzerkrankungen vorangetrieben.

Zum Schluss möchte ich noch auf einen Trend eingehen, den Du meiner Meinung nach nicht ausprobieren solltest. Aber er ist symptomatisch für das, was jetzt immer mehr passieren wird: Menschen wollen sich über chemische oder technische Wege einen Vorteil gegenüber anderen Menschen verschaffen und versuchen alles, was sich anbietet. Gemeint ist hier das Microdosing. Wir sind durch Berichte unserer Mitarbeiter*innen im Silicon Valley darauf gestoßen, dort wird es als Wundermittel angesehen. Dabei nehmen sowohl Professor*innen, Programmierer*innen, Künstler*innen und Kreative in regelmäßigen Abständen winzige Mengen LSD ein. LSD (Lysergsäurediethylamid) ist eine psychoaktive Droge, die halluzinogen wirkt. Bei den geringen Dosen merkt man die Wirkung wohl nur sehr unterschwellig, angeblich kann man sich aber nach und nach besser konzentrieren und die eigene Produktivität steigt. Kreativer, konzentrierter, glücklicher, ist das Versprechen. Das ist nicht neu, man weiß, dass Steve Jobs gerne mal LSD zu sich nahm. Die Wissenschaft ist skeptisch, es gibt keine wissenschaftlichen Beweise, dass Microdosing hilft.

Die Zeit der Verbesserung unserer Fähigkeiten ist gekommen. Wir werden immer besser, wenn wir wollen. Wir müssen das nicht machen, aber wir haben zunehmend die Wahl. Hier entwickelt sich ein ganz neues Angebot, das direkt aus einem Superhelden-Comic zu kommen scheint.

In den kommenden Jahren können wir unsere Konzentration verbessern, die Sinne schärfen und werden körperlich immer fitter. Und wenn das Alter unsere Fähigkeiten verringert, haben wir Mittel, diese nicht nur wiederzuerlangen, sondern am Ende noch zu verbessern.

DENKEN.

Denken: Die Ausrichtung.

Wir haben uns im vorigen Kapitel intensiv mit dem Handeln beschäftigt. Das, was wir konkret tun können, um uns auf die Zukunft vorzubereiten.

Jetzt steigen wir ein in die Zeit der neuen Fragen. Es ist eine Entwicklung, die parallel in den letzten Jahren schon leise begonnen hat und die uns jetzt massiv beschäftigen wird. Sie wird uns in der Tiefe fordern, es ist die große Suche nach einer neuen, umfassenden Ausrichtung. Lange haben wir uns mit einer eher oberflächlichen Perspektive begnügt, Zeit mit Konsum und netter Ablenkung vertan. Das ist jetzt vorbei. Denn jetzt stellen wir uns nicht nur immer mehr Fragen, sondern fordern auch konkrete Antworten.

In diesem Kapitel geht es um eine **neue Nachdenklichkeit**, die dringend nötig ist, um die Zukunft planen und gestalten zu können. Sie markiert den Beginn einer neuen, allumfassenden Diskussion.

Das Unbehagen mit dem Status quo.

Eigentlich spüren wir schon lange: Da muss sich was ändern. Unsere Gesellschaft ist auf den Erfolgen des Wirtschaftswunders aufgebaut, das in den 1950ern beginnt. Wirtschaftsminister

Ludwig Erhard ist der Vordenker der sozialen Marktwirtschaft. Es geht um Wohlstand für alle. Das ist der Wahlslogan der CDU im Wahljahr 1957. Erhard verspricht: Wer etwas leistet, soll sich auch was leisten können. Das ist der simple Tenor dieser Zeit. Es klappt, wir können uns in Deutschland schon bald eine Menge leisten: Die Wirtschaft läuft, wir produzieren, exportieren und werden gar zum Exportweltmeister. Geschafft. Wohlstand erreicht. Sozial ist er auch, die sozialen Netze werden gespannt und später fortlaufend optimiert. Sicher ist noch viel zu tun. Schön und gut, aber bringt uns dieser Wohlstand weiter?

Wohlstand.

Der Duden definiert Wohlstand wie folgt: »*Maß an Wohlhabenheit, die jemandem wirtschaftliche Sicherheit gibt; hoher Lebensstandard.*« Ja, eine hohe wirtschaftliche Sicherheit haben wir erreicht. Sie reicht noch nicht für alle im Sinne eines unbedingten Grundeinkommens. Doch durch Hartz IV wird allen eine halbwegs gesicherte Existenz ermöglicht.

Neben der wirtschaftlichen Sicherheit ist auch der Lebensstandard hoch. Wir können uns nicht alles leisten, aber doch vieles. Der Neid, ein großer Treiber und fieser Verführer der Vergangenheit, ist in die Jahre gekommen. Er ist ein zahnloser Zausel, der uns nicht mehr anstiften kann, einem noch höheren Lebensstandard hinterherzuhasten. Neid auf wen und warum? Bill Gates ist reicher, aber ist er deshalb glücklicher? Er kann sich vieles kaufen, aber wozu? Wenn mein größter Wunsch ist, einmal eine teure Schweizer Uhr am Handgelenk zu tragen, dann ist das möglich. Aber wozu eigentlich? Status verliert ebenfalls seine Bedeutung. Um etwas darzustellen, um andere zu beeindrucken? Warum? Wir sehen die materiellen Träume in einem neuen schalen Licht. Sie sind erfüllbar geworden, erfüllen aber für viele von uns kein wünschenswertes Versprechen mehr.

Wohlstand hat einen Makel: Er ist zu materialistisch definiert. Das merken wir jetzt. Die Basis steht, macht aber nicht glücklich. Der Konsum ist sinnentleert und macht vielen Menschen – das sehen wir auch in unseren Umfragen immer wieder – keinen richtigen Spaß mehr. Das Mehr wird immer fader, je mehr es wird. Der Konsum wird zur Last, man muss sich um Besitz kümmern und die Schränke quellen über. Noch einmal zur japanischen Bestsellerautorin Marie Kondō, die ich schon im vorigen Kapitel als Beispiel herangezogen habe. Sie hilft mit ihren Bestsellern beim Aufräumen. Und während wir in der Vergangenheit noch ein Glücksgefühl hatten, als wir den ganzen Plunder kaufen konnten, sind wir jetzt glücklich, wenn wir ihn wieder loswerden. Marie Kondō stellt eine zentrale Frage in den Mittelpunkt aller Entscheidung, ob etwas bleiben oder gehen sollte: »Does it spark joy?« Macht es Dich glücklich? Wenn ja, okay, darf bleiben, wenn nein, weg damit.

Ha! Das gilt für alle materiellen Dinge. Für die oder den Besitzer*in einer Jacht gibt es zwei glückliche Tage, so hörte ich es neulich von einem Jachtbesitzer: Der erste glückliche Tag ist der, an dem er oder sie die Jacht kauft. Der zweite ist der Tag, an dem er oder sie das Ding wieder loswird. Die Zeit dazwischen nervt, denn so eine Jacht kostet und will gepflegt werden.

Es gibt diesen herrlichen Satz, der den Irrsinn der modernen Wohlstandsgesellschaft schön auf den Punkt bringt:

Die Bank gibt Dir Geld, das Du nicht hast, damit Du Dir Sachen kaufst, die Du nicht brauchst, um Leute zu beeindrucken, die Du nicht magst.

Konsum sucks. Die Frage nach dem Warum und Wozu rumort in uns. Wir sind auf der Suche nach der nächsten großen Aufgabe, auf die wir uns stürzen können, und das ist nicht die Anhäufung von Dingen. Die andere Seite des Wohlstands wird immer wichtiger. Je mehr materielle Güter wir anhäufen, desto deutlicher wird der Wunsch nach immaterieller Bedeutung, nach Sinnhaftigkeit. Etwas, das weiter geht als Besitz von Ware. Das spüren wir schon seit Generationen. Die Generation Y oder die Millennials, wie sie auch genannt werden, hat hier den Anfang gemacht. Also die letzte Generation vor dem Wechsel ins neue Jahrtausend. Sie haben begonnen, die richtigen Fragen zu stellen.

Die leise Revolution der Millennials.

Sie begann zu Anfang des neuen Jahrtausends mit einem Problem im Arbeitssektor: dem Fachkräftemangel. Unternehmen mussten sich die guten, die kreativen Mitarbeiter*innen angeln, eben die Millennials, frische Denker*innen. Nur dass die erst einmal sehr, sehr gründlich nachdachten, bevor sie ihren Arbeitsvertrag unterschrieben. Was, da muss ich die ganze Woche, jeden Tag arbeiten? Zu diesen Bedingungen? Für dieses Gehalt!?

Wir haben uns auch in der Trend- und Zukunftsforschung mit dieser Generation auseinandergesetzt und viele Gespräche geführt. Es war erstaunlich radikal, was da alles infrage gestellt wurde. Der Lohn wurde als »Schmerzensgeld« empfunden. Hierarchien wurden hinterfragt und es wurde nicht mehr akzeptiert, dass man zwar Mitarbeiter*in, aber nicht Mitdenker*in sein durfte. Die Millennials wollen gesehen werden, brauchen und verlangen »Feedback«, Anerkennung statt Überstundenzuschläge.

Viele Versuche von Unternehmen, diese neue Generation zu rekrutieren, schlugen fehl. Daraufhin wurde zunehmend über

Employer Branding gesprochen, das heißt, dass ein Unternehmen relevante Angebote entwickelt und sich selbst als Arbeitgeber als eine begehrenswerte Marke für ihre Mitarbeiter*innen in spe präsentiert.

Zeitgleich boomen in den USA für den deutschen Arbeitsmarkt sichtbar die Unternehmen des digitalen Wandels. Neue Angebote für die Mitarbeiter*innen entstehen. Und es geht nicht um Geld, Google und die anderen neuen Platzhirsche im Rudel der Vordenker beginnen, die Mitarbeiter*innen im Silicon Valley regelrecht zu verwöhnen. Es gibt in den Kantinen Starköch*innen und wechselndes Premium-Food, es gibt Cafeterias mit hochwertigem, fair produziertem Bio-Kaffee, man trifft sich nun in den Community-Areas und für die immergute Stimmung sorgt der oder die Feelgood-Manager*in. Alles wird bunt.

Ein Teil der Arbeitszeit ist nun für die Mitarbeiter*innen frei verfügbar, um mal darüber nachzudenken, wie das Unternehmen vielleicht noch ein bisschen besser werden könnte. Man ist nun nicht mehr in einem Beschäftigungsverhältnis, also mit irgendetwas Banalem nur »beschäftigt«, sondern ist Teil einer großen Bewegung für eine positive Veränderung, man arbeitet an den ganz großen Zielen im Silicon Valley. Es geht um nichts Geringeres als darum, die Welt zu verbessern.

So wird 2010 die Abteilung Google X gegründet, wobei das »X« für die Erforschung des Unbekannten steht. Treiber sind die beiden Gründer selbst. Dort sollen Moonshots entwickelt werden, so werden die visionären Projekte bei Google genannt.

Der Begriff Moonshots bezieht sich auf die Ankündigung des Präsidenten John F. Kennedy am 12. September 1962: »We choose to go to the Moon« – wir werden einen Menschen bis zum

Ende des Jahrzehnts zum Mond zu bringen ... Die Moonshots sind die ganz großen Visionen. Ihr Versprechen ist: »Wir versuchen, die größten Probleme der Menschheit durch radikal neue Technologien zu lösen.« Es geht um selbstfah-rende Autos, Google Glass, eine Brille, die Informationen in das Sichtfeld der Träger*innen einblendet, Kontaktlinsen, die Blutzuckerwerte für Diabetiker analysieren können, Drohnen, die Waren liefern, Ballons, die das Internet in die entlegensten Teile der Welt bringen, und vieles mehr. Diese Projekte sind der Stoff, aus dem die digitalen Träume bestehen, es sind die Geschichten, die die Millennials faszinieren. Google ist auf einmal kein Unternehmen im klassischen Sinn mehr, es hat vor, die Welt zu verbessern – und behauptet dies nicht nur (wie viele andere Unternehmen), nein, es gibt auch eine eigene Abteilung, die sich darum kümmert.

Sicher muss man hier auch skeptisch sein. Die Faszination dieser neuen Ausrichtung der Arbeit überstrahlt, dass viele dieser Unternehmen ihre Wurzeln immer noch in der alten Sinnwelt der Profitmaximierung haben.

Die visionäre Reise der Unternehmen zahlen letztlich wir mit unserem Konsum, denn Unternehmen wie Google bauen auf den Profit durch Werbung und die Verführung von Konsument*innen.

Zurück zu den Millennials und ihren neuen Forderungen an die Art, wie wir miteinander arbeiten. Der Lockdown, der die Arbeitswelt Anfang 2020 nahezu weltweit durchgeschüttelt und in vielen Teilen völlig lahmgelegt hat, hat gezeigt, dass es auch anders geht. Ja, wenn wir dazu gezwungen werden, neue Wege zu finden und mit neuen Situationen klarzukommen, dann klappt es, wie wir gesehen haben. Das sollte uns Mut machen.

> Überall, wo wir wachsendes Unbehagen spüren, beginnt in dieser neuen Zeit der Unsicherheit die nachdenkliche Sinnsuche. Ist diese Wohlstandsgesellschaft das, was wir uns gewünscht haben? Wie geht es weiter? Wie wollen wir unsere Schwerpunkte setzen?
> Eine gewisse Dramatik hat dieser Prozess, denn schon Albert Einstein mahnte: Eine neue Art von Denken ist notwendig, wenn die Menschheit weiterleben will.
> Die Diskussion ist eröffnet, Du bist dran.

Die Nachdenklichkeits-Gesellschaft.

Die Hinweise sind schon gut zu erkennen. In den USA wurde im Frühsommer 2020 die Frage lauter, wie die amerikanische Gesellschaft zum Rassismus der Polizei gegenüber schwarzen Bürger*innen steht. Eine Frage, die dort schon seit Jahrzehnten zu massiv unterdrückten Protesten geführt hat und nach Antworten verlangte. Aber erst jetzt kommt sie mit Wucht und viel Wut auf den Tisch der öffentlichen Diskussion – weltweit.

Die Entwicklung der Pandemie spielt natürlich eine Rolle, viele Geringverdiener*innen rutschen in den USA aus der Krankenversicherung, wenn sie ihren Job verlieren. Geringes oder kein Einkommen, keine Krankenversicherung und dann noch die böse Fratze des Rassismus. Wie soll einem das nicht zu viel werden? Wie soll man da nicht Wut auf die Regierung bekommen? Jetzt wird die Situation diskutiert – und alte, überholte Einstellungen fallen wie die Denkmäler von Helden, die aus heutiger Sicht keine mehr sind. Ein starkes Bild, denn auch wir in Europa müssen nachdenken, welchen Visionen wir folgen wollen.

Immer wenn sich Fragen stellen, versuchen wir reflexartig, gleich eine Antwort zu geben. Bedingungsloses Grundeinkommen? »Das geht gar nicht, weil ...« Oder: »Das ist die einzige Lösung, weil ...«

Aber ich denke, es geht in dieser neuen Phase erst einmal gar nicht um die richtigen Antworten. Es geht um die richtigen Fragen. Und die müssen wir zunächst finden und formulieren. Denn die Fragen der Vergangenheit sind eben die Fragen der Vergangenheit. Die neuen Fragen sind auch die Fragen der Zukunft – ganz neu zu stellende Fragen, die uns alle stark beschäftigen werden.

Wie wollen wir morgen leben? Um eine positive Vision zu erarbeiten, müssen wir alle uns erst einmal auf die richtigen Fragen einigen!

Wie wichtig ist uns unser Wohlstand und Wachstum in einer Welt, in der die Ressourcen nun mal begrenzt sind? Wie wollen wir wirtschaften? Was passiert, wenn wir so weitermachen, mit unserer Erde im Jahr 2100? Was wollen wir unseren Kindern hinterlassen? Wie gehen wir mit Menschen um, die aus unhaltbaren Lebenssituationen flüchten und bei uns anklopfen? Wie gehen wir mit dem Thema White Privilege um? (Gemeint ist, das Weiße gegenüber Nicht-Weißen begünstigt werden.) Wie gehen wir mit Ungerechtigkeit um und der Tatsache, dass die reichsten 0,001 Prozent, etwa gerade mal 80 000 Personen, etwa 30 Prozent des Finanzvermögens der Welt besitzen?

Es sind kritische Fragen, die da hochkommen. Aber sie kommen hoch, um zu bleiben, bis sie beantwortet werden.

Wir haben keine Wahl mehr. Wir müssen sie jetzt gemeinsam formulieren, diskutieren und dann nach Antworten suchen. Vor einiger Zeit wurde ich von einem Ministerpräsidenten zu einer internen Klausurtagung eingeladen, um meine Sicht der Zukunft vorzustellen und deutlich zu machen, wohin die Reise denn gehen könnte. Es war nicht ganz einfach, denn meine Perspektive auf die Zukunft und die dort geplante politische Agenda hatten sehr wenig miteinander gemein. Dort ging es um Rentenhöhe, Steuerfragen, Infrastruktur. Das sind wichtige, aber nicht die jetzt nötigen Themen. Ich hatte den Eindruck und sagte das auch so, dass wir in einer Zeit leben, in der plötzlich am Himmel dutzende klingonische Raumschiffe auftauchen, und wir in den Konferenzräumen noch über den öffentlichen Nahverkehr reden. Mir ging es um die Metaebene. Den Vergleich fand man zwar ganz lustig, es wurde dann aber umgehend wieder über den öffentlichen Nahverkehr diskutiert.

Wir sprechen in Politik, Wirtschaft und Gesellschaft immer noch über die falschen Themen. Wir haben die Sicht von Ameisen, nicht von Giraffen. Jetzt geht es aber um eine größere Perspektive und um die wirklich relevanten Probleme, die dringend angegangen werden müssen.

Ein starker, sehr aktiver Treiber der neuen Nachdenklichkeit greift ein: Es ist die Generation Z. Das sind die jungen Menschen, die nach 1997 geboren wurden. Und die sehr viele Fragen zur Zukunft haben, ganz einfach, weil es sie am meisten betrifft. Es sind Persönlichkeiten wie Greta Thunberg, die der

Generation Z eine Stimme gegeben hat und die sie auf die neuen Fragen hingewiesen hat – mit ihrem Papp-Plakat: »Skolstrejk för klimatet« Schulstreik für das Klima. Greta Thunberg und die Schüler*innen von Fridays for Future können die Situation einschätzen und ihre Schlüsse ziehen. Ihre Reaktion ist richtig und zwingend.

Sie stoßen die Gesellschaft auf wichtige Fragen und fordern Handlungen. Wir sollten froh sein, dass diese Generation aktiv wird, denn ich glaube nicht, dass wir, die Älteren, entschieden genug handeln, um die Klimakatastrophe abzuwenden. Wir sollten sehr aufmerksam zuhören, was sie zu sagen haben.

Ich habe einen Cartoon von dem Comiczeichner Ralph Ruthe gesehen, der mich nachdenklich gemacht hat. Da sieht man zwei Fische in einem Fischglas: einen größeren, älteren Fisch und einen jungen, kleinen Fisch, der Zöpfe hat und eine Wollmütze auf dem Kopf. Klar, wen er darstellen soll: Greta Thunberg. Der kleine Fisch zeigt in dem Cartoon auf ein Loch im Fischglas, aus dem das Wasser abfließt: »Da ist ein Sprung im Glas!« Der alte Fisch reagiert mit Unverständnis und herrscht den kleinen Fisch an: »Lern Du erst mal Dreisatz!« Diese Szene zeigt genau das Problem: Die Arroganz der Älteren. Wir können erst etwas verändern, wenn wir alle dazu bereit sind. Wenn die älteren Generationen, also die Generation X und die Babyboomer*innen, endlich entschlossen einsteigen und zusammenarbeiten, um die großen Themen unserer Zeit in Angriff zu nehmen …

Ich bin davon überzeugt, dass wir auf dem richtigen Weg sind. Die Gesellschaft wird immer offener für die nächsten Schritte. Ein nachdenklicher, sicher anstrengender Suchprozess nach

Antworten für ganz neue Fragen hat begonnen. Aber es lohnt sich.

Die Spaltung der Gesellschaft.

Schon seit einiger Zeit ist ein Prozess im Gange, der uns beunruhigen muss. Denn es geht um einen tiefen Riss in der Einstellung der Menschen zum Fortschritt und somit zu unserem zentralen Thema, zur Zukunft.

Worum geht es? Der Historiker Philipp Blom schreibt in seinem Buch *Was auf dem Spiel steht*, dass wir als wohlhabende Gesellschaft ein Problem mit der Veränderung haben:

»Wir leben in Gesellschaften, in denen die Zukunft keine Verheißung ist, sondern eine Bedrohung.«

Und an anderer Stelle: »Die reichen Demokratien wollen keine Zukunft, sie wollen behalten, was sie bereits haben.«

Ja, das ist nicht so einfach, sich der Zukunft zu öffnen und der neuen Unsicherheit, wenn es doch bislang so kuschelig auf dem Sofa war. Eine neue Zeit ist eine Zeit mit neuen Herausforderungen und die ist erst einmal bedrohlich. So ziehen wir uns zurück ins Schneckenhaus und stellen uns den Wecker: Nur noch zehn Minuten, ja, dann kommen wir heraus.

Es ist wirklich so. Im Herbst 2018 wurde eine Umfrage der Bertelsmann-Stiftung vorgestellt, bei der eine repräsentative Anzahl europäischer Bürger*innen (10 885 Personen zwischen 16 und 65 Jahren) gefragt worden war, ob sie meinen, dass die Welt früher ein besserer Ort war. Und siehe da: In ganz Europa gibt es Menschen, die das tatsächlich glauben. Spitzenreiter mit über 77 Prozent ist Italien. Die Bürger*innen dort sind von den vielen wechselnden Regierungen und der schon lange angespannten wirtschaftlichen Lage ja nun auch nicht gerade verwöhnt, das kann man verstehen.

In Deutschland sind es 61 Prozent, die sagten: Ja, früher war es besser.

Das ist die Nostalgie-Thematik. Wenn man verunsichert ist, wünscht man sich in eine vermeintlich bessere Vergangenheit zurück. Nun wissen wir aber, dass wir objektiv in einer besseren Zeit leben. Wir leben länger,  gesünder, sicherer, wohlhabender, wissender als je zuvor. Dennoch sagen knapp zwei Drittel der Befragten: Früher war alles besser. Die Psycholog*innen erklären das mit dem Wunsch, sich in eine sichere gedankliche Umgebung zurückzuziehen – um von dort aus wieder zu starten. Ich mag den Gedanken. Dann wäre das so, dass ein Drittel schon im Heute angekommen ist, offen für die neue Zeit, aber noch ein wenig auf die anderen zwei Drittel warten muss. Die sich ja den Wecker schon gestellt haben, siehe oben.

Wir dürfen nur nicht zu lange warten, denn es bildet sich ein Riss in der Gesellschaft, den wir schnell überwinden müssen. Das hier sind die zwei Lager, mit denen wir es zu tun haben:

Auf der einen Seite stehen die, die eine positive Vision von der Zukunft haben, vielleicht ist sie manchmal zu blauäugig, aber es ist die optimistische Vision einer besseren Zeit. Nennen wir sie die Pionier*innen der Zukunft. Sie sind begeistert von der Digitalisierung. Sie wollen die Welt (und sich selbst) verbessern. Die ganz großen Veränderungen stehen aus Sicht dieser Fraktion an – und zwar mit Faktor 10, das ist auch das Credo des Silicon Valley: Wir verbessern nicht irgendetwas um zehn Prozent. Wir machen es zehnmal besser! Wir überwinden das Alter, werden unsterblich. Wir besiedeln den Mond und gleich danach den Mars. Es gibt keine Alternative. Wir werden es schaffen. Dazu müssen wir nur das alte Denken überwinden. Diese Fraktion ist ein Verfechter der Schöpferischen, der kreativen Zerstörung. Wie schon beschrieben geht es hier um die Überwindung der alten Systeme zugunsten neuer Ansätze.

Vertreter*innen sind Vordenker*innen wie Elon Musk. Der macht einfach. Als er vor einigen Jahren mit seinem Tesla in Los Angeles in einem Stau stand, beschloss er, das zu ändern. Er schrieb gleich einen Tweet mit seiner Idee, der etwa so lautete: »Dieser Stau nervt. Ich baue einfach Röhren unter der Stadt, die Autos schnell von der einen Seite der Stadt zur anderen bringen.« Und so verrückt sich das anhört, er hat das durchgezogen, sich alle Genehmigungen besorgt, der erste Tunnelabschnitt wurde inzwischen schon fertiggestellt und getestet. Es ist sicher noch ein langer Weg, aber der erste Schritt wurde tatsächlich erfolgreich realisiert. So geht das aus der Sicht von Pionier*innen. Musk gründete SpaceX 2002 und flog 2020 zwei Nasa-Astronauten in einer Falcon-9-Rakete erfolgreich zur ISS. Die Welt staunte, Musk triumphierte, seine Fans jubelten.

Für die Pionier*innen der Zukunft ist Elon Musk ein Gott. Für die andere Fraktion ist er ein eher verrückter Exzentriker.

Und somit kommen wir zur anderen Fraktion. Ich nenne sie die »Bewahrer*innen der Vergangenheit«.

Das sind Menschen, die eine andere Sicht auf die Entwicklungen einnehmen. Sie sind irritiert von Internet, Globalisierung und Digitalisierung. Sie machen sich Sorgen und das kann man ja gut verstehen: Die Entwicklungen sind schnell über uns hereingebrochen und vielen von uns geht das einfach zu schnell.

Diese Bewahrer*innen fordern Protektionismus: Grenzen errichten, das Neue aussperren.

Wenn es etwas Neues gibt, folgen sie dem alten Muster: Erst einmal belächeln, dann verbieten und dann adaptieren.

So ging es auch beim Start mit Uber in Deutschland. Erst mal wollte man das Angebot nicht ernst nehmen – total verrückt, private Fahrer*innen, da werden die Fahrgäste ja unprofessionell transportiert, das kann doch nicht klappen. Dann verbieten (deutsche Gesetzgebung schützt die deutschen Taxiunternehmen) – und dann, irgendwann, doch noch akzeptieren. Dann ist es allerdings nur noch möglich, die neuen Geschäftsmodelle zu übernehmen, sie selbst gestalten kann man dann an der Spitze der Entwicklung natürlich nicht mehr. Und man verpasst durch den Angriff der neuen Idee, die alte Idee einmal ordentlich auf den Prüfstand zu stellen und zu schauen, ob man sie noch retten kann. Ich weiß nicht, wie es Dir geht, aber für mich ist Taxifahren oft kein Spaß. Ich wohne in Hamburg recht nah am Flughafen und auf der kurzen Strecke verdienen die Fahrer*innen nicht viel. Eine eher muffelige Grundstimmung im Taxi ist die Folge. Dazu kommt, dass man das Fahrerlebnis wirklich mit wenigen Mitteln steigern könnte: Der oder die Fahrer*in könnte: eine Flasche Wasser anbieten, die vielleicht 50 Cent kostet, aber dem Fahrer oder der Fahrerin sicher ein höheres Trinkgeld (heißt das deshalb so?) garantiert. Man könnte mich als Gast fragen, welche Musik ich hören möchte, so würde ich das eine oder andere Mal um eine Schlager-Beschallung herumkommen. Und so weiter. **In jeder Bedrohung durch Erneuerung steckt eine Chance!**

Belächelt und völlig unterschätzt von den Skeptiker*innen wurde auch YouTube. Ich erinnere mich an eine Geschichte vom Gründer des Tech-Magazins *Wired*, Kevin Kelly, der in der Frühzeit des Internets Fernsehgesellschaften besuchte, um ihnen zu erklären, dass es jetzt etwas wie YouTube gebe, das einmal wichtiger als das Fernsehen werden würde. Die Manager*innen lachten ihn aus, es war für sie eine völlig lächerliche Idee, dass ganz normale Menschen ohne eine spezielle Ausbildung Filme ins Netz stellen und die dann auch noch jemand sehen will. Ohne Skript, ohne Technik? Ein Schenkelklopfer, aber doch bitte nicht die Zukunft! Es kam anders und die jüngere Generation belächelt längst das Fernsehen ...

Doch zurück zu den Bewahrer*innen der Vergangenheit in der heutigen Zeit. Es sind Menschen, die verunsichert sind und sich Sorgen machen, was da alles auf sie zukommt. Sie wählen die Parteien, die das Gestern predigen. Sie wollen nicht eine schöpferische Zerstörung im Sinne eines Neuanfangs, sondern die Zerstörung des Schöpferischen. Wenn Elon Musk ein gutes Beispiel für die Pionier*innen ist, dann sind es für die Bewahrer*innen Menschen vom Typ eines Donald Trump. Ein Mensch wie er zieht Grenzen hoch. Baut eine reale Mauer an der Grenze zu Mexiko, um illegale Einwanderung auszuschließen. Erhebt Zölle für Einfuhren aus Europa und China, um den freien Markt zu verhindern und die eigene Volkswirtschaft zu schützen. Das finden die Bewahrer*innen gut und 62,9 Millionen dieser Menschen, die sich nicht abgeholt fühlten, die »forgotten people«, wie Trump sie nennt, gaben ihm bei der Präsidentschaftswahl am 8. November 2016 ihre Stimme (ich war gerade in Frankfurt auf dem Weg zu einem Kunden und konnte, wie Millionen Menschen weltweit, meinen Ohren am 9. November morgens nicht trauen, als ich das hörte). Hillary Clinton bekam übrigens fast drei Millionen Stimmen mehr. Aber die Wahlmänner und -frauen waren ausschlaggebend und bei ihnen führte Trump. In Deutschland werden wir

mit der politischen Gruppierung der Bewahrer*innen in Form
der Alternative für Deutschland konfrontiert, die nicht nur aus
meiner Sicht ebenfalls auf Fremdenfeindlichkeit, Ausgrenzung
und Abschottung aller innovativen Kräfte setzt.

Die Spaltung in Pioniergeist und Bewahrertum gibt es in vielen
westlichen Gesellschaften und auch bei uns. Wir spüren diese
Kluft bei unseren Befragungen überall – und natürlich auch in
Deutschland. Hier sehen wir die Entwicklung schon am Erstar-
ken der AfD, die eher die Begrenzung als eine Öffnung des
Denkens verfolgt.

Wir sollten versuchen, die Lager zu verbinden. Das ist der
einzige Weg. **Wir müssen den Bewahrer*innen erklären, was
in der »modernen« Zeit passiert und wie sie funktioniert**
(und dass sie mehr Chancen als Risiken birgt).

Wir müssen auch auf ihre Bedenken hören, zum Beispiel zum Thema Datenschutz. Wir brauchen die Diskussion, die Auseinandersetzung zwischen Pionier*innen und Bewahrer*innen. Wenn sich
beide Lager abkapseln, ist es der falsche Weg. Prof. Peter Kruse, der
renommierte Systemtheoretiker, Zukunftsforscher und Psycholo-
ge, hat die beiden Lager in seiner Arbeit erkannt und beschrieben.
Er sprach von der Wir-Gesellschaft und der Ich-Gesellschaft. Die
Ich-Gesellschaft entspricht dem Pioniergeist. Sie ist selbstbewusst
und gestaltet ihre Zukunft. Die Wir-Gesellschaft muss abgeholt
werden, sie möchte ein Wir-Gefühl, man muss ihnen die Hand
reichen. Der Ich-Gesellschaft, so erklärte Prof. Kruse, der leider
2015 viel zu früh starb, geht es gut, die Wir-Gesellschaft fühlt sich
vernachlässigt und hat auch objektiv eine andere Entwicklung mit-
gemacht: So stiegen für diese Gruppe die Reallöhne seit mehreren
Jahrzehnten nicht mehr.

Die Diskussion beginnt, neue Fragen tauchen auf. Wir müssen dafür sorgen, dass diese Diskussion, die so notwendig ist, wirklich auf allen Ebenen geführt wird. Dafür müssen wir beide Fraktionen zusammenbringen.

Und dann gibt es noch die Spaltung zwischen den Generationen. Babyboomer*innen machten sich im letzten Jahr in den sozialen Medien über die Generation Z lustig. Dazu gab es dann auf Tik-Tok, dem aktuell erfolgreichsten Social-Media-Portal, Filme, die Babyboomer zeigen, die sich heftig über diese aus ihrer Sicht verrückten jungen Spinner*innen aufregen. Das fanden die natürlich gar nicht gut – und rächten sich auf ihre Weise, mit der Reichweite von Social Media und dem Trotz der Jugend: Im Herbst 2019 tauchten erstmals Tik-Tok-Clips auf, in denen das Babyboomer-Gemecker über diese vermeintliche Unreife kommentiert wurde. Ein Spruch aus diesen Clips wurde schnell Kult:

»Ok, Boomer« – gemeint ist in einer etwas freieren Übersetzung: »Okay, Alter, lass mal gut sein, Du hast eh keine Ahnung …«

Diese kurzen Clips gingen schnell um die Welt und bekamen sehr viel Aufmerksamkeit. Sie markierten einen Konflikt – und die *New York Times Online* titelte im Oktober 2019:[20]

20   www.nytimes.com/2019/10/29/style/ok-boomer.html

»›Ok, Boomer‹ markiert das Ende der freundschaftlichen Generationenbeziehungen. Jetzt ist Krieg.« Im Artikel wurde dann auch noch ein Hoodie abgebildet, auf dem folgender Text steht: »Ok, Boomer – Have A Terrible Day.«

Kurz darauf ging noch ein Video aus einer politischen Sitzung um die Welt: Es zeigt eine Ansprache von Chlöe Swarbrick, der mit 27 Jahren jüngsten Politikerin im neuseeländischen Repräsentantenhaus. Sie wird bei ihrer Forderung nach schärferen Klima-Gesetzen von einem Politiker durch einen Zwischenruf kritisiert und kontert dem älteren Herrn sehr lässig mit »Ok, Boomer«!

Da tut sich was, es rumort und rappelt im Karton. Die Jugendlichen sind genervt von den scheinbar gut gemeinten Ratschlägen der älteren Generationen. Sie wollen nicht von Menschen belächelt oder bevormundet werden, die aus ihrer Sicht in den wichtigen Zukunftsentscheidungen zu viele Kompromisse eingegangen sind – oder die wichtigen Fragen, wie die nach dem Klima, zu lange ignorierten. Und, man muss es einfach sagen, die sich in 30, 40 Jahren, wenn sich die Klimakatastrophe weiterhin zuspitzt, keine Gedanken mehr machen müssen, weil sie diese Welt nicht mehr erleben. Doch wie macht man ihnen den Ernst der Lage klar?

Auch hier gilt: Eine Spaltung nutzt niemandem. Jüngere und ältere Menschen müssen miteinander reden. Wenn jeder versucht, die Perspektive des anderen zu verstehen, ergibt sich daraus sicher eine neue, gemeinsame Perspektive. Das zeigt sich auch in meinem Arbeitsalltag: Ich habe mit Dennis einen Mitarbeiter in meinem Zukunftsteam, der halb so alt ist wie ich. Durch seine Sicht der Dinge ergeben sich ständig neue, spannende Perspektiven.

Die Arbeit profitiert vom Austausch der Generationen. Wir haben vor einiger Zeit für ein großes deutsches Technologieunternehmen (ja, einige gibt es da noch) erforscht, wie Unternehmen in welchen Strukturen und Zusammensetzungen in der Zukunft am besten zusammenarbeiten. Gerade in Asien haben wir interessante Erkenntnisse gewonnen und eine davon war, dass die Teams, die fast wie in Familien miteinander arbeiten, sehr erfolgreich sind: Nicht zu große Teams, sehr gemischt und eine Zusammensetzung, in der sich weibliche und männliche Perspektiven ideal ergänzen. Man schützt sich gegenseitig, hilft sich aktiv und engagiert in der kleinen Gemeinschaft. Alle Experten-Jobs werden outgesourct. Wichtig für die Zusammensetzung des schlagkräftigen Family-Teams ist aber eben auch eine möglichst unterschiedliche Alterszusammensetzung. Die Jungen sind nicht gefangen in der Tag-zwei-Denke, sind ganz offen für Neues. Die Älteren wissen, wie was geht, und punkten mit Wissen und ihrer Lebenserfahrung. **Phantasie *und* Pragmatismus – das ergibt eine gute Mischung.**

FAMILY - TEAM

Nenn mich naiv, aber ich denke, wir können es gerade eben noch schaffen, die Spaltung aufzuheben. Wenn wir jetzt schnell zusammenkommen und nicht streiten, sondern miteinander reden und uns vor allem zuhören. Das Zuhören haben wir leider oft verlernt, wir hören nur die ersten Worte unseres Gesprächspartners und dann beginnen wir schon im selben Moment, gedanklich an einer möglichst schlauen Antwort zu basteln. Das ist nicht hilfreich. Wir müssen das Zuhören wieder lernen. So wie wir uns erst um die Fragen kümmern müssen, um dann erst die Antworten zu finden.

Einstein hat einmal gesagt: »Das Problem zu erkennen, ist wichtiger, als die Lösung zu erkennen, denn die genaue Darstellung des Problems führt zur Lösung.«

Also ran an die Formulierung der Probleme. Dann haben wir die Fragen, die wir dann als Gesellschaft gemeinsam beantworten können!

> Wir stehen vor einer ganz zentralen Herausforderung: Wir müssen die Spaltung der Gesellschaft verhindern. Da gibt es die skeptischen Bewahrer*innen und die zukunftsoptimistischen Pionier*innen. Da gibt es die fordernden Jungen und die kompromisssuchenden Alten.
>
> Zukunft gelingt dann, wenn wir als Gesellschaft gemeinsam an den Visionen und den Lösungen für die kommende Zeit arbeiten. Wir schaffen das, wenn wir beginnen, die unterschiedlichen Positionen zu verstehen. Das wiederum gelingt nur, wenn wir wieder lernen, zuzuhören. Und hier bin ich bei Dir mit einer ernsten Bitte: Hilf mit, die Spaltung zu verhindern.

Die Frage nach dem Warum.

Die Millennials werden ja auch die Generation Y genannt, wobei das Y auch für das englische »why« steht. Sie fragen sich, warum sie ihre Zeit gegen Geld tauschen sollten, und haben noch keine gute Antwort gefunden.

»Warum?« ist die große Frage der kommenden Zeit. Warum handeln wir so, wie wir handeln? Insbesondere, wenn wir es besser wissen? (siehe in unserem Konsumverhalten), aber auch die zahllosen anderen Warums, die auf uns zukommen, mit ihrer unbedingten Forderung nach einer plausiblen Begründung.

Warum handeln wir nicht nachhaltig, obwohl wir durch die Analysen unzähliger Wissenschaftler*innen und ohne jeden Zweifel genau wissen, dass wir, ohne den Kurs radikal zu ändern, in einer Klimakatastrophe enden?

Warum beseitigen wir die Armut auf der Welt nicht, obwohl wir die finanziellen Mittel dazu hätten? Die Armut, so schreibt Rutger Bregman in seinem Buch *Utopien für Realisten. Die Zeit ist reif für die 15-Stunden-Woche, offene Grenzen und das bedingungslose Grundeinkommen*, könnte in den USA mit der Ausgabe von 175 Milliarden Dollar für ein bedingungsloses Grundeinkommen beendet werden. Die Summe entspricht einem Prozent des Bruttoinlandprodukts der USA oder einem Viertel der Militärausgaben.

Bregman weiter: »Der Krieg gegen die Armut wäre ein Schnäppchen verglichen mit den Kriegen in Afghanistan und dem Irak, die vermutlich unfassbare vier bis sechs Billionen Dollar gekostet haben. Tatsächlich hätten die entwickelten Länder der Welt die Armut bereits vor Jahren ausrotten können.«

Warum arbeiten wir in Jobs, die wir nicht mögen? Eine aktuelle Umfrage des großen internationalen Meinungsforschungsinstituts Gallup unter 230 000 Angestellten in 142 Ländern ergab, dass sich nur 13 Prozent der Angestellten für ihren Job engagieren und ihn mögen.

Warum essen wir Fleisch aus Massentierhaltung, obwohl wir wissen, dass diese Art der Fleischproduktion mit unserem humanistischen Anspruch völlig unhaltbar ist?

Wir könnten gemeinsam noch ein paar Seiten mit Warum-Fragen füllen, oder?

Das Warum klopfte dann auch an die Tür der Wirtschaft. Warum, liebes Unternehmen, produzierst Du denn eigentlich Waren? Und wozu? Geht es nur um Gewinnmaximierung? Oder gibt es auch noch einen höheren Sinn? An dieser Stelle möchte ich einen Vordenker und gedanklichen Türöffner in der Frage nach dem Warum und dem Sinn hinter wirtschaftlichem Handeln auf die Bühne dieses Buches bitten:

Es ist Simon Sinek, ein britischer Unternehmensberater und Autor. Er hat die Frage nach dem Warum Mitte der 2000er-Jahre gestellt, so relevant und eindringlich, dass seine Botschaft vermutlich mittlerweile jedes Unternehmen mit einer Marketingabteilung erreicht hat. Aber seine Ansätze sind nicht nur für Unternehmen interessant.

Sineks Vortrag 2009 auf dem TED-Portal machte ihn weltbekannt. TED ist die Abkürzung für Technology, Entertainment, Design und war ursprünglich eine jährlich stattfindende Konferenz für Innovationen in Kalifornien. Die besten Vorträge wurden dann ab 2006 frei zugänglich ins Netz gestellt. Eine tolle Sache und man sollte sich, um sich aktiv auf die Zukunft vorzubereiten, jeden Abend als Vorprogramm zur aktuellen Lieblingsserie einen TED-Talk anschauen. Der von Simon Sinek ist einer der meistgesehenen Vorträge überhaupt – mit über 50 Millionen Views.[21]

Sinek spricht von den drei Fragen, um die sich nach seiner Sicht alles dreht. Das What, How, Why? Oder auf Deutsch: Was? Wie? Warum? Wobei das englische »why« sowohl »warum« als auch «wozu« heißen kann. Das ist eine philosophisch interessante Diskussion, denn das Warum fragt nach dem Grund für das Tun in der Vergangenheit, das Wozu zeigt eher auf die Zukunft – was das Tun bezwecken soll.

Simon Sinek sagt, dass jedes Unternehmen zwar ganz genau weiß, was es herstellt (tolle Autos) und wie es seine Produkte herstellt (mit Bremsassistent und hervorragenden Materialien). Aber auf die eine wichtige Frage, die Frage nach dem Warum, haben die Unternehmen in der Regel keine Antwort.

In diese Wunde legt Sinek den Finger. Er macht an einem Beispiel deutlich, wie wichtig eine Antwort ist. Wieder muss Apple hier als Beispiel herhalten, denn jede*r kennt das Unternehmen und es ist schon seit Jahrzehnten extrem erfolgreich. Apple, so Sinek, ist eigentlich nur eine Computerfirma wie viele andere auch. Sie haben Zugang zu den gleichen Zuliefer*innen, zu den gleichen Talenten am Arbeitsmarkt. Warum sind sie erfolgreicher als andere?

Weil es darauf ankommt, dass man ein Warum hat.

Wenn Apple ein ganz normales Unternehmen wäre, könnte seine Botschaft etwa so lauten:

....

21   www.ted.com/talks/simon_sinek_how_great_leaders_inspire_action

Wir machen großartige Computer (was).

Sie haben ein schönes Design und sind einfach zu bedienen (wie).

Problem: Es wäre ein völlig uninspirierendes Angebot. Langweilig, denn das Warum fehlt.

Aber nach Sineks Auffassung startet das Unternehmen einfach andersherum, mit dem Warum. Daraus ergibt sich das Wie und letztlich auch das Was.

Also los, mit einem starken Warum:

»Warum sind die Dinge, wie sie sind? Kann man das nicht besser machen? Bei allem, was wir tun, stellen wir den Status quo infrage. Wir gehen die Dinge anders an, weil wir anders denken.« (think different)

Und weiter geht es. Jetzt fehlen ja noch das Wie und das Was, aber die ergeben sich fast logisch aus dem Warum:

Wie: »Wir stellen den Status quo infrage, indem wir unsere Produkte formschön, einfach zu bedienen und benutzerfreundlich gestalten«

Was: »Wir bauen zufällig großartige Computer. Möchten Sie einen kaufen?«

So geht das. Deshalb sind wir bereit, einen Computer von Apple zu kaufen, und nicht nur das. Es kann bei einem starken Warum auch alles andere sein, Hauptsache, es kommt von diesem Unternehmen: Telefon, Tablet, Watch, vielleicht gar einen Staubsauger. Alles hat denselben Kern, ein starkes Warum: Wir stellen den Status quo infrage.

Sinek ist der Meinung, dass jede einzelne Person, jede einzelne Organisation auf diesem Planeten zu 100 Prozent weiß, was sie tut. Einige wissen, wie sie es tun, aber sehr, sehr wenige Menschen oder Organisationen wissen, warum sie tun, was sie tun. Und mit »warum« ist nicht gemeint: »Um Profit zu machen.« Profit ist immer ein Ergebnis. Mit »warum« ist gemeint: Was ist Dein Zweck? Was ist der Grund Deines Handelns? Was ist Deine Überzeugung? Warum existiert Deine Organisation? Warum stehst Du morgens aus dem Bett auf? Und warum sollte das jemand kümmern?

Ein überzeugender Vortrag, der zumindest die Marketing-abteilungen in aller Welt aufschreckte. **Wir brauchen einen Zweck, eine Ausrichtung auf Sinn – oder englisch einen »purpose«.**

> Wir müssen die richtigen, die neuen Fragen stellen. Zum Beispiel, warum wir etwas machen und wozu wir es machen. Es sind nicht die Goldenen Zwanziger, es sind die Nachdenklichen Zwanziger. Und wenn wir alles richtig machen, wovon wir jetzt mal ausgehen wollen, haben wir in spätestens zehn Jahren, hoffentlich schon früher, die Antworten auf all die Warums, über die wir jetzt gerade auf unserem Weg in die Zukunft stolpern.
>
> Warum wir so arbeiten, wie wir arbeiten, warum wir so handeln, wie wir handeln, und so leben, wie wir leben. Warum und wozu wir welche Dinge kaufen und warum wir welche Waren oder Dienstleistungen herstellen. Aus den Antworten entsteht eine Vision, ein neues Ziel, aber erst am Ende des Prozesses, der noch vor uns liegt.

Nachhaltigkeit und ein anderer Konsum.

Es tut sich was auf der Seite der Verbraucher*innen und auch auf der der Hersteller*innen. Ich bin davon überzeugt, dass wir in der nahen Zukunft eine intensive Diskussion darüber führen werden, was sinnvoller Konsum ist.

Es geht um die Nachfrage – warum der oder die Konsument*in morgen noch etwas kaufen will – und auch das Angebot – unter welchen Voraussetzungen und Versprechen Unternehmen überhaupt noch etwas anbieten.

Die Diskussion spielt sich auf einer Bühne vor unseren Augen ab. Es ist eine Freilichtbühne, und während die Schauspieler*innen auf der Bühne ihre üblichen Rollen spielen wollen, verdüstert sich der Himmel und ein Sturm zieht herauf. Es beginnt, heftig zu regnen, alle werden nass und das Stück muss unterbrochen werden. Das Klima wandelt sich und der Regen hört gar nicht mehr auf. Das Stück muss ganz neu geschrieben werden.

Der Klimawandel, wir erinnern uns, das ist die alles überschattende Krise der Gegenwart und Zukunft, sie fordert ein neues Konsumverhalten.

Weniger und nachhaltig, so einfach kann man das auf den Punkt bringen.

Die Verantwortung der Verbraucher*innen der Zukunft.

Wir wissen es alle – und wollen es doch oft noch nicht wahrhaben. (Über die Babyboomer-Haltung haben wir ja schon gesprochen.) **Es ist höchste Zeit für diesen neuen, bewussteren Konsum.** Unser fröhliches Shoppen aus der Vergangenheit macht eh nicht mehr so viel Spaß. Das billige Tiefkühl-Hähnchen lässt uns schlecht schlafen, denn wir wissen, dass der günstige Preis nur durch Massentierhaltung möglich ist. Der SUV passt nicht mehr in die Zeit, er verbraucht zu viel. Die einzeln in Plastik verpackten Gurken machen uns nachdenklich, wir wissen, hier läuft etwas falsch. Der Kurztrip mit dem Flugzeug nach Dubai belastet die CO_2-Bilanz ebenso wie unser Gewissen. Bei der Milch im Glas fragen wir uns, wie es den Kühen wohl geht. Wir fühlen uns schuldig. Und ändern immer mehr unser Einkaufsverhalten. Die Probleme, die wir uns so handlich kleingeredet haben, melden sich unüberhörbar zu Wort. Die Medien, die Freund*innen und jetzt auch schon unsere Kinder weisen uns darauf hin.

Es ist eine fühlbare und sich gut anfühlende Veränderung im Gang. Der Konsum, das ganze Spiel des Marktes, was wir herstellen und wie wir es herstellen, ändert sich schon längst: Pflanzliche Produkte verdrängen tierische Produkte immer mehr. Plastikverpackungen werden durch kompostierbare ersetzt, wir sehen bereits die ersten Getränke, die in Papierverpackungen zu kaufen sind. Fleischverarbeitende Unternehmen stellen auf vegetarische Produkte um, Milchalternativen auf pflanzlicher Basis, wie die Hafermilch, erobern immer mehr Regalfläche. Fleischersatz wie von Beyond Meat schmeckt schon fast wie echtes Fleisch und stürmt die Börsencharts, weil die Anleger*innen hier Potenzial sehen. An dem Verbrennungsmotor will man sich nicht mehr die Finger verbrennen, alternative, saubere Antriebe sind sexy, Diesel geht gar nicht mehr.

Es tut sich was, keine Frage. Es wird in der kommenden Zeit immer mehr sinnvolle Lösungen geben und das wird die Märkte verändern. Und zwar deshalb, weil wir als Käufer*innen es so wollen. Die Nachfrage treibt das Angebot, klar.

Und immer wieder beginnt die Nachfrage mit dem Warum. Warum eigentlich kommen die Lebensmittel mit dem Flugzeug zu mir? Regionale, lokale Lebensmittel direkt von den Hersteller*innen werden immer stärker nachgefragt. Dieser Ansatz heißt »farm to fork« – vom Hof direkt auf den Tisch, auf die Gabel.

Warum sind die Produkte so schnell defekt und warum müssen wir immer neue kaufen? Geht das nicht anders? An die Stelle von linearer Wertschöpfung wird eine Kreislaufwirtschaft treten. Produkte benutzen und bewahren. Die Kund*innen gehen schon jetzt ganz anders mit Hardware um. Technische Produkte wie Smartphones und Tablets werden wiederaufbereitet und wiederverkauft. Reparaturen waren lange uninteressant, man wollte immer das Neue haben. Jetzt entwickelt sich hier ein spannender Markt: der des sogenannten Refurbishing. Produkte werden mehrfach wiederaufgearbeitet. Und wenn wir weiterdenken, ist eine Zukunft vorstellbar, in der jedes neue Produkt hoch besteuert ist – um so die Käufer*innen an den Kosten der Entsorgung und des Recyclings zu beteiligen. Ein Neukauf wird dann nicht mehr die Regel sein, sondern die Ausnahme.

Was bedeutet das für Dich und dieses Buch, liebe*r Leser*in? Stell das Buch doch, nachdem Du fertig bist, bitte nicht ins Regal, denn da kann es seinen Auftrag nicht erfüllen, möglichst von vielen gelesen zu werden. Verschenke es weiter.

Auch tierische Produkte werden sicher in dem Maße, wie sie tier- und umweltschädlich produziert werden, mit höheren Steuern belegt. Ähnlich wie es in der Tabakindustrie gehandhabt wird, nur dass das Produkt nicht nur mir selbst schadet, sondern in diesem Fall auch das Tier und die Natur leiden.

Nachhaltig orientierte Start-ups greifen an.
Im März 2019 wurden die Ergebnisse einer Studie, die das Borderstep Institut für Innovation und Nachhaltigkeit und der Bundesverband Deutsche Start-ups (BVDS) durchgeführt haben, veröffentlicht.[22]

Ein Viertel aller Start-ups, 26 Prozent, beschäftigen sich 2018 mit nachhaltiger Wertschöpfung und drehen sich um Produkte und Dienstleistungen, die zum Umwelt- und Klimaschutz beitragen. All diese neuen Unternehmen machen Hoffnung, sie sind, wie die Studie belegt, ein ernst zu nehmender ökonomischer Faktor und ein wesentlicher Treiber für den Wandel hin zu einem nachhaltigen Wirtschaftssystem. Das ist jetzt kein Nischenthema mehr. Die Start-ups greifen die Old Economy an, um sie Schritt für Schritt zu ersetzen. Eine leise Disruption, die nicht aufzuhalten ist (Disruption ist ein Prozess, bei dem ein bestehendes Geschäftsmodell oder ein gesamter Markt durch eine stark wachsende Innovation abgelöst beziehungsweise »zerschlagen« wird).

Warum? Weil die Nachfrage steigt. Nachhaltigkeit ist etwas, das nun immer mehr Konsument*innen einfordern, und wo Nachfrage ist, entstehen Angebote.

Zwei von vielen Beispielen aus Deutschland: die Plattform »TooGoodToGo« und die Internet-Suchmaschine »Ecosia«.
TooGoodToGo ist ein auf einer App basiertes System gegen die Lebensmittelverschwendung – Jahr für Jahr landen in Deutschland rund 12 Millionen Tonnen Lebensmittel im Müll.[23]

....

22   https://bit.ly/3k3YYkJ
23   www.verbraucherzentrale.de/wissen/lebensmittel/auswaehlen-zubereiten-auf-
      bewahren/lebensmittel-zwischen-wertschaetzung-und-verschwendung-6462

Zwei Drittel werden von Verbraucher*innen entsorgt. Mit der App kann man Essen sehr günstig bestellen, das in Restaurants, Cafés oder Supermärkten übrig geblieben ist und sonst entsorgt werden würde. Man schaut, wo Restaurants und Läden in der Nähe sind, wie das Angebot ist – und holt sich sein Essen ab: Brot und Kuchen, Lunch oder Dinner. Eine Winwin-Situation für alle, einschließlich der Umwelt.

Ecosia ist eine Suchmaschine, die Bäume pflanzt, denn das deutsche Unternehmen spendet 80 Prozent des Einnahme-Überschusses aus der bei den Suchen gezeigten Werbung für gemeinnützige Naturschutzorganisationen, konkret Baumpflanzprojekte. 100 Millionen Bäume wurden nach Unternehmensangaben bis zum Sommer 2020 bereits gepflanzt.

Geht doch! Wir werden in den kommenden Jahren ganz sicher noch viele neue Ansätze sehen und einige davon werden nicht nur für die Umwelt nachhaltig sein, sie werden auch unser Wirtschaftssystem nachhaltig verändern.

Die Sicht von uns Verbraucher*innen ändert sich. Die Nachfrage verändert sich. Die Nachfrage, das sind wir beide, Du und ich. Wir (okay, und ein paar Millionen andere) sind es letztlich, die die Verantwortung haben, diese Welt zum Besseren zu verändern.

Um mit Bob dem Baumeister zu sprechen: »Können wir das schaffen? Yo, wir schaffen das!« Parallel dazu wird sich dann auch das Angebot verändern.

Die Verantwortung des Angebots der Zukunft.
Die Diskussion ist auch hier bereits hinter den Kulissen in vollem Gang. Das Stichwort ist Purpose, ein eher schwammiger

Begriff. Es geht dabei um Sinn, Ausrichtung, Zweck und Haltung eines Unternehmens.

Gemeinsam haben wir in den vorigen Kapiteln ja schon über die Ziele für die Zukunft nachgedacht. Was bedeuten die Entwicklungen für das Unternehmen, für das Du arbeitest oder das Du leitest? Die Erkenntnis meiner Beobachtungen der Märkte ist eindeutig: Profitabilität und Wachstum reichen nicht mehr. Ebenso wenig reicht eine hohe »Performance«. Unternehmen müssen mehr leisten als Leistung. Leistung und Qualität, klar, sind selbstverständlich. Auf den Weltmärkten sind kaum noch fehlerhafte Produkte oder Dienstleistungen zu finden (mit Ausnahme einiger Callcenter).

Leistung war das Ziel der Vergangenheit. Bessere Leistung als Weg zur Aufmerksamkeit der Kund*innen. Mein Produkt ist besser als Deins, denn mein Waschmittel wäscht noch ein bisschen weißer, denn es hat die neue Rezeptur XYZ. In diesem Spiel geht es schon lange nicht mehr um große Innovationen, sondern um kleine Verbesserungen. Das erinnert Dich jetzt vielleicht an die roten Ozeane, an die Märkte, in denen die Wettbewerber*innen wie Haie um das Überleben und ein kleines bisschen mehr Marktanteil kämpfen.

Jetzt gibt es ein neues Kriterium, das den Wettbewerb stark beeinflusst: Hat das Produkt/die Marke/das Unternehmen nicht nur eine gute Leistung zu bieten, sondern auch eine positive Wirkung (»positive impact«) auf unser Leben, auf die Gesellschaft? Macht es also mehr als nur das, was es kann? Waren gestern noch Profitabilität, maximale Wertschöpfung und höchste Effizienz das Maß aller Dinge, ändert sich jetzt die Sichtweise, wie ich finde, dramatisch. Unternehmen werden von den Konsument*innen gezwungen, mehr zu bieten. In der Diskussion tauchte vor einiger

Zeit der Begriff der doppelten Rendite auf. Die ergibt sich, wenn ein Unternehmen sowohl finanziell erfolgreich ist als auch eine positive Wirkung auf Wirtschaft, Gesellschaft und Umwelt erzielt.

Oh!, werden sich viele Unternehmenslenker*innen denken, das haben wir so aber nicht auf der Uni gelernt, dass wir mit unserem Produkt noch einen gesellschaftlichen Mehrwert bieten sollen! Klar, das ist ja auch lange her und die Zeiten ändern sich.

Purpose oder die Frage nach dem Warum muss auf zwei Ebenen beantwortet werden. Die erste Ebene ist das Fundament, die zweite ist der Leuchtturm. Das will ich erklären.

Das Fundament ist Nachhaltigkeit.

Die Basis von allem Handeln in der Zukunft für jedes Individuum und jedes Unternehmen ist die unbedingte Nachhaltigkeit. Nicht ein bisschen Verantwortung für die Umwelt, unseren Planeten, die Erhaltung der Arten, sondern *volle* Verantwortung. Ich nenne dies die Basis, weil sie zur selbstverständlichen Grundbedingung für jedes Handeln wird. Die Basis-Bedingung, um in der Zukunft mitspielen zu dürfen, ist ein Angebot, das nachhaltig ist. Etwa so: Die Seife A muss (1.) nachhaltig sein und (2.) sauber machen. Seife B, die nur sauber macht, ja vielleicht die beste Seifenleistung der Welt verspricht, aber Plastikpartikel enthält, wird in Zukunft keinen Platz im Regal mehr bekommen.

Nachhaltigkeit ist das, was wir alle als selbstverständliches Fundament eines jeden Angebots fordern.

Ich kann hier auch noch ein aktuelles Beispiel dafür liefern, dass der Druck auf die Unternehmen hoch ist und sie ganz schnell

Nachhaltigkeit in ihre Strategien implementieren: Apple kündigt im Sommer 2020 an, bis 2030 CO_2-neutral zu wirtschaften, Microsoft will bis 2030 CO_2-negativ werden und mehr Treibhausgase aus der Atmosphäre entfernen, als es emittiert. Und Microsoft investiert zudem 1 Milliarde US-Dollar in Technologien, mit denen das gesamte Kohlendioxid, das seit der Gründung des Unternehmens ausgestoßen wurde, neutralisiert wird.[24]

Somit ist nachhaltiges Handeln auch kein differenzierendes Wettbewerbskriterium, denn *alle* Unternehmen und Angebote werden nachhaltig sein (müssen).

Und die zweite Ebene? Was kann denn dann noch helfen, das Unternehmen zukunftsfähig aufzustellen? Wie geht Zukunft für Unternehmen?

Die spannende, neue und kreative Aufgabe ist es, auf diesem nachhaltigen Fundament einen Leuchtturm zu bauen. Der sollte weit ins Dunkel scheinen, um Orientierung zu geben. Die frohe Kunde für die Kund*innen könnte so klingen: »Hey, wir sind hier und wir helfen Dir weiter! Wir haben nachgedacht und haben erkannt, dass wir noch mehr zu bieten haben, wir arbeiten mit Dir und für Dich an einer guten Zukunft.«

Die Warum-Frage für die Unternehmen öffnet eine Tür zu einer neuen Welt. Das Unternehmen der Zukunft muss nachhaltig handeln und zudem noch einen gesellschaftlichen Mehrwert bieten,

....

24   www.theverge.com/2020/7/21/21332461/apple-carbon-neutral-2030-climate-change

die Welt in einem naiv klingenden
Sinn ein bisschen besser zu machen.
Tatsächlich ist diese Entwicklung
schon in vollem Gang. Noch nicht
so sehr in unserer Wahrnehmung,
aber hinter den Kulissen wird schon
an einer neuen Ausrichtung in den

Unternehmen gearbeitet. Sie beginnt mal wieder mit einer neuen
Frage, die vorher leider noch zu selten gestellt wurde. Die alte
Frage der Führungsebene war: Wie können wir noch profitabler
werden? Die neue Frage ist: Wie können wir die Welt besser
machen? Oder konkreter: Wie können wir unseren Kund*innen
weiterhelfen?

**Und plötzlich explodieren durch die Krisen die Möglichkei-
ten. Krisen wie Corona 2020 werden zur Chance.** Tech-Unternehmen entwickelten besondere Masken mit ihren Zulieferern.
Discounter zahlten als Dank für den besonderen Einsatz Sonder-
prämien an die Belegschaft. Autokonzerne spendeten Beatmungs-
geräte, Bekleidungshersteller nähten Masken. Das Beförderungs-
unternehmen Uber zeigte zum Beispiel in der Lockdownphase
einen Werbespot mit Menschen, die zu Hause bleiben. Der Spot
endet mit einer ungewöhnlichen Botschaft: »Thank you for not
riding with Uber«. Danke, dass Sie *nicht* mit uns gefahren sind …
grandios!

Das sind nur einige aktuelle Beispiele. Es ist noch so viel zu tun,
es gibt genug Betätigungsfelder für Unternehmen auf der ganzen
Welt. Die Digitalisierung muss weiterentwickelt werden, Unternehmen und deren Marken könnten sich im Home-Schooling engagieren und Kindern und Lehrer*innen bei der Nutzung digitaler

Lern-Angebote helfen – durch Coaching oder Übernahme von Kosten. Minderheiten müssen unterstützt werden, Künstler*innen müssen unterstützt werden, Kultur braucht Hilfe. Ungerechtigkeit und Mangel muss beseitigt werden. Unternehmen bieten in der Zukunft einen neuen Mehrwert, konkrete Hilfe für eine gute Sache.

Auf dem Fundament der Nachhaltigkeit wird der Leuchtturm gebaut, der die gute Nachricht in die Welt sendet. Zu prosaisch? Dann hier die Anwendung für unser Seifenbeispiel:

Die Seife der Zukunft muss
- (1.) nachhaltig sein – fair produziert, zu 100 Prozent abbaubar und unschädlich für die Umwelt,
- (2.) Menschen, die nicht in der Lage sind, sich Hygiene zu leisten, kostenfrei zur Verfügung gestellt werden und sie muss
- (3.) sauber machen.

Die Nachfrage ändert sich und das Angebot der Unternehmen ändert sich. Ich bin von dieser Entwicklung überzeugt. Wir erkennen sie, wenn wir mit den Menschen in den Metropolen reden. Wir erkennen sie, wenn wir mit den Unternehmen reden, die die Situation immer klarer sehen und die mit uns über ihr Warum, ihren Purpose und die guten Botschaften für ihren Leuchtturm nachdenken.

Die Ausrichtung der Unternehmen und das, was sie anbieten, wird sich ändern, das ist jetzt schon zu beobachten. Die Suche nach dem Warum des Angebots hat begonnen. Welchen Sinn verfolgt ein Unternehmen?

Dabei ist Nachhaltigkeit in jeder Hinsicht das unbedingte Fundament. Darauf aufbauend können sich Unternehmen in vielen Bereichen engagieren, die die Welt in irgendeiner Weise und nachvollziehbar ein wenig besser machen. So geht Zukunft für die Angebotsseite.

Die Macht der Generation Z.

Wenn wir über die Konsument*innen gesprochen haben, müssen wir an dieser Stelle noch einmal auf die Generation Z eingehen. Klar, Aussagen über diese Generation kann man schlecht verallgemeinern, nicht alle Jugendlichen in dieser Alterskohorte sind gleichermaßen kritisch und aufgeschlossen. Die Mindsets sind heute nicht mehr an ein Alter gebunden. Ich erlebe äußerst flexibel denkende ältere Menschen mit geradezu revolutionären Einstellungen. Das macht Spaß. Dagegen erlebe ich leider auch recht reaktionäre und sehr konservative Positionen in der jungen Generation (kaum im Leben angekommen, machen die es sich im Tag-zwei-Denken gemütlich.)

Doch jede Generation sucht ihr Thema und die Generation Z ist für mich in dieser Zeit eine große Hoffnung. Das mag daran liegen, dass ich neben einem aufgeschlossenen elfjährigen Sohn, der sich auf jedes interessante Thema mit vollem Einsatz stürzt, auch eine 16-jährige Tochter habe, die mir zeigt, was da gerade alles passiert. Sie ist dermaßen smart und reflektiert, dass ich vor der Zukunft, die von diesen jungen Menschen beeinflusst wird, wenig Angst habe. Klar, hier spricht der stolze Vater, aber ich tauche in die Themen der Generation Z auch beruflich durch viele Interviews in aller Welt ein.

Da werden viele Produkte und Marken abgelehnt, weil sie den Ansprüchen der Generation Z an Nachhaltigkeit nicht entsprechen oder einen Statusgewinn versprechen, der ihren

Vertreter*innen schlicht egal ist. Mit investigativem Ehrgeiz gehen sie den neuen Fragen der Welt und dem Sinn der Angebote auf den Grund. Erkennen Zusammenhänge. Verstehen, wo Konzerne Verbindungen mit Partnern eingegangen sind, die nicht ganz sauber sind. Sie sehen auch die Versuche der Konzerne, sie auf ihre Seite zu ziehen, was sofort entlarvt wird. Manche*r wird sich noch daran erinnern, wie die Fridays-for-Future-Bewegung im Januar 2020 Siemens Energy zur Rede stellte. Die Klimaschutzaktivistin Luisa Neubauer warf dem Konzern vor, Technik für eine umstrittene Kohlemine in Australien zu liefern. Siemens-Chef Joe Kaeser bot ihr daraufhin einen Sitz in einem Aufsichtsgremium für Umweltfragen an. Luisa Neubauer lehnte dankend ab. Ein unglücklicher Schachzug des Siemens-Chefs, denn es musste klar sein, dass Frau Neubauer nicht die Seiten wechseln kann, wenn sie an Lösungsansätzen mitarbeiten will.

Unternehmen, die uns mit Trend- und Zukunftsforschung beauftragen, wollen wissen, was diese wichtige Altersgruppe der Generation Z erwartet. Denn sie sind die Verbraucher*innen, Kund*innen und die Entscheider*innen von morgen.

Meine Erkenntnis hier ist: Nutzt die Zeit, liebe Unternehmer*innen, es ist ernst. Sagt das Golfen am Wochenende ab und kümmert euch um die Aufstellung eures Unternehmens für die Zukunft. Die Generation Z wird darüber bestimmen, welche Produkte, Marken, Dienste es in die nächste Ebene schaffen. Ich versuche es mal mit dem Bild von den beiden Ozeanen. Den einen, den blutroten, kennen wir schon. Es ist das alte System. Diese Zeit geht zu Ende, das hat keine Zukunft. **Eine kreative Erneuerung ist schon im Gang und wir machen uns bereits auf die Reise in einen neuen, blauen und besseren Ozean.**

Dort herrschen neue Regeln, die gerade in der Phase der Nachdenklichkeit gemeinsam vereinbart werden.

Einige Unternehmen werden den Umzug nicht mehr versuchen, viele werden sich auf den Weg machen. Auf dem Landweg zum neuen Ozean gibt es nun leider ein Tor, das die Generation Z bewacht.

Das Tor öffnet sich für die Anwärter*innen auf den neuen Ozean nur, wenn sie erklären können, warum ihr Boot geeignet ist und was es an relevantem Mehrwert zu bieten hat. Wer keine gute Antwort hat, muss sich hinten anstellen und ein besseres Konzept erarbeiten. Dieses Tor existiert bereits: Es ist der Einkaufswagen der Generation Z. Manche Produkte kommen da rein, aber viele werden in Zukunft nicht einmal in Betracht gezogen. Auch viele etablierte Parteien werden das Tor nicht passieren können, ohne sich zu verändern. Veraltete Bildungssysteme, das überholte Präsenzarbeiten, traditionelle Entlohnungssysteme scheitern an der harten Tür. Klar, die Generation Z macht nur einen kleineren Teil der Gesellschaft aus, aber sie ist unsere Zukunft.

Unternehmen müssen sich verändern, bewegen, wenn sie es bis zum nächsten Level schaffen wollen.

Wir müssen Zukunft für und mit den jungen Generationen planen. Die äußern sich klar und selbstbewusst und zeigen, dass sie auch Verantwortung übernehmen – damit erinnern sie uns ältere Generationen an uns selbst früher.

> Den Weg in die Zukunft gehen wir nur gemeinsam! Das ist keine Floskel, sondern ein Imperativ.

Die Renaissance der Werte.

Die Zukunft handelt nicht nur von mit knarzender Stimme sprechenden Robotern und fliegenden Autos. Ich bin sicher, all das ist oft nur eine futuristische Hülle, was fürs Auge. Ob ein autonomes Auto fährt oder fliegt, das wird die Welt nicht grundlegend verändern, wir freuen uns höchstens, dass die Träume unserer Kindheit wahr geworden sind. Wir müssen die Schwerpunkte in der Betrachtung der Zukunft etwas anders legen.

Viel wichtiger ist, darüber nachzudenken, was die grundlegenden Rahmenbedingungen der neuen Welt sein sollen. Auf welche Werte wir zukünftig setzen wollen. Das klingt ein wenig pastoral, aber es ist nötig. Das wird sicher besonders deutlich, wenn ich auf die Amtszeit des amerikanischen Präsidenten anspiele. Was war das für uns Eltern eine schwere Aufgabe – unseren Kindern zu erklären, dass in dieser Welt, die wir mitgestaltet haben, in einem vermeintlich demokratischen Staat ein Mann das mächtigste Amt besetzt, der nachweislich ein Lügner ist und dessen Weltbild einzig von Profitmaximierung und der Aussicht auf einen für ihn guten Deal getrieben wird – auch wenn der Preis ist, dass darunter Abermillionen von Menschen leiden.

Unsere Welt beruht auf gemeinsam vereinbarten und gelebten Werten. Die sind aber nicht unveränderbar. Schon im Privaten ändert sich das Werte-Set, zum Beispiel, wenn wir wirtschaftlich in stürmische Zeiten geraten. Dann rücken Erfolg und Status stark in den Hintergrund und wahre Freundschaften werden wichtig.

Wenn wir im Lockdown gefangen sind, erkennen wir den hohen Wert der Freiheit.

Werte verändern sich, wenn sich die Situation verändert. Vor hundert Jahren war der Zusammenhalt in der Familie viel wichtiger, denn die Bedrohungen von außen waren größer. Die Familie durchzukriegen, schaffte man nur, wenn alle mitarbeiteten. Man musste stärker zusammenhalten und aufeinander aufpassen. Wer die Familie verließ, riskierte ihr Wohl. Heute haben wir ein starkes soziales Netz und als Folge fällt die Familie leider auseinander. Oder kennst Du noch mehr als eine Handvoll intakter Familien in Deinem Umfeld? Wir entscheiden, was wichtig ist, und die Familie scheint es nicht mehr so sehr zu sein. Ich plädiere hier übrigens für den Begriff eines neuen Familienzusammenhalts und für einen erweiterten Familienbegriff, ich nenne sie die Neo-Familie. **Die Neo-Familie ist möglichst bunt zusammengesetzt, durchmischt, alt und jung, weiblich und männlich und divers.** Neben einer oder mehreren Familien kommen noch Freund*innen, junge und alte Singles hinzu, die neue Fähigkeiten mitbringen. So wird die Gruppe immer stärker. Es werden neue Mitglieder mit neuen Fähigkeiten willkommen geheißen und aufgenommen. Macht das Sinn? Ja, denn so kommen Menschen zusammen, die in der Gruppe auf die Herausforderungen der Zukunft und neue Situationen flexibel und kreativ reagieren können.

Was aber bei aller diversen Zusammensetzung wichtig ist – so wie generell in einer Gesellschaft, die sich fit für die Zukunft macht: dass man sich auf einige grundsätzliche Werte einigt. Das ist der Zukunftsleim für eine starke Gemeinschaft.

Was können das für Werte sein? Ich will meine Erfahrungen mit Menschen und Märkten der letzten Jahre in einigen Werteempfehlungen zusammenfassen.

Ehrlichkeit.

Wenn wir mit den westlichen Gesellschaften hart ins Gericht gehen, dann ... sind wir schon lange nicht mehr ehrlich. Nicht zu anderen, denn wir wollen fast manisch immer in gutem Licht erscheinen. Nicht zu uns selbst. Wir unterdrücken unsere Gefühle und sagen immer, dass es uns gut geht. Warum eigentlich? Wenn es uns schlecht geht, ist es doch ehrlicher, unserem Umfeld das auch klar zu kommunizieren. Ansonsten verstellen wir uns, was in der Regel nicht gut gelingt und irgendwann ziemlich anstrengend wird. Wir müssen unser Umfeld also im wahrsten Sinne *ent*-täuschen, um es nicht zu enttäuschen. Niemanden mehr täuschen, das ist Ehrlichkeit. **Jedes ehrliche Nein ist ein Ja zu Dir.**

Weg von der gezielten Manipulation, von der vielleicht auch nett inszenierten Beeinflussung. Ich kann ein Lied davon singen, denn ich habe mich mit dem Thema während meiner Zeit in der Werbung bei den großen internationalen Agenturen oder auch bei Springer & Jacoby, der über viele Jahre kreativsten deutschen Werbeagentur, genau damit beschäftigt und die Mechanismen gelernt.

Werbespots, die vor guter Laune strotzen, nerven die Zuschauer*innen, denn wir wissen ja: So ist das Leben nicht. In Asien werden in der Werbung übrigens auch viel stärker traurige und melancholische Situationen und Stimmungen von Menschen gezeigt.

Wenn die Werbung weiterhin Oberflächlichkeit und Unehrlichkeit zeigt, ist das ihr Tod. Da muss ich den Hut vor dem Edeka-Weihnachtsspot ziehen, der vor ein paar Jahren gesendet wurde. Er zeigt, wie ein alter Mann sich auf sehr einsame Feiertage einstellt, keins seiner Kinder und Enkel*innen, die in alle Welt verstreut sind, hat Zeit und alle sagen ab. Dann aber fasst er traurig einen Plan: Er verschickt seine eigene Todesanzeige an die Familie. Alle sind geschockt und machen sich sofort auf die Reise – um zu erkennen, dass der alte Herr noch putzmunter ist und ihnen eine Lektion erteilt hat. Es wird ein einmaliges Weihnachten. Der Spot schließt mit der Botschaft: »Zeit, heimzukommen.«

Das passt nicht nur in unsere Zeit der Unsicherheit, Edeka hat das umgesetzt, was ich mir für die Wertediskussion auch wünsche. Da wird ein wichtiges Problem wie die Vereinsamung in unserer Gesellschaft direkt und hart thematisiert. Edeka übernimmt den nicht leichten Auftrag, ehrlich darauf hinzuweisen. Chapeau!

So macht das Unternehmen genau das, was ich in den beiden vorigen Kapiteln beschrieben habe. Edeka bietet Lebensmittel *und* einen sinnvollen Gedanken (Purpose) als Mehrwert an. »Wir verkaufen nicht nur Wurst und Käse, wir übernehmen Verantwortung und machen auf die Vereinsamung in der Gesellschaft aufmerksam.« So geht Zukunft in der Kommunikation.

Heute geht es sowohl bei der Kommunikation auf Unternehmensseite als auch bei unserem persönlichen Handeln um radikale Ehrlichkeit.

Ich denke, das entsteht aus der Erkenntnis, dass wir keine Zeit haben, uns auf Partner*innen einzulassen, die unehrlich sind. Wenn in diesen unsicheren Zeiten kein Verlass mehr auf

Partner*innen oder Marken ist, dann sucht man sich andere. **Wir brauchen also tiefe, verlässliche Ehrlichkeit als einen fundamentalen Wert.** Auch die Frage nach dem Warum ist ein Hinweis, dass wir auf der Suche nach Ehrlichkeit und Authentizität sind. Wenn ich eine gute Antwort auf die Frage gefunden habe, warum ich etwas mache, dann kann ich auch dazu stehen und bin mit mir im Reinen. (Wenn ich in der Vergangenheit gefragt worden wäre, warum ich einen teuren Neuwagen fahre, der mit dem ersten Umdrehen des Zündschlüssels bis zu der Hälfte seines Wertes verliert, weil er dann ein Gebrauchtwagen ist, was wäre meine ehrliche Antwort auf das Warum gewesen? »Ich bin ein Idiot und Angeber«?)

Erst wenn ein milchproduzierendes Unternehmen transparent und umfassend deutlich macht, dass das Wohl der Kühe gewahrt wird, hat es eine Zukunft.

Erst wenn eine Bank ehrlich und radikal mit den Fehltritten der Vergangenheit aufräumt, dann hat sie eine Zukunft.

Erst wenn ein Unternehmen Nachhaltigkeit in all seinem Handeln ehrlich belegen kann, dann hat es eine Zukunft.

Vertrauen.
Ich habe Dir schon von der Nostalgie-Studie berichtet und dass wir eine Spaltung in der Gesellschaft beobachten. Kern dieser Spaltung ist ein Misstrauen in die kommenden Entwicklungen. Das kann man auch niemandem verübeln, nie war die Welt komplizierter als jetzt. Globalisierung – das hat doch in Zeiten der Pandemie gar nicht geklappt, oder? Digitalisierung, ist das nicht ein anderes Wort für Arbeitsplatzverlust?

Wenn sich einem die Zusammenhänge nicht erschließen, dann ist man misstrauisch. Und womit? Mit Recht. Jetzt darf aber auf keinen Fall ein Rückzug stattfinden. Alle in ihre eigene Ecke – die Pionier*innen in die eine, die Bewahrer- und Skeptiker*innen in die andere. Wie kann man das verhindern?

Vertrauen braucht Wissen als Basis. Vertrauen ist riskant. Man gewinnt Vertrauen nur, wenn man ein halbwegs solides Wissensfundament hat. Politiker*innen wie Trump ist nicht zu trauen, denn wenn man seine Aussagen prüft, dann weiß man, dass er unehrlich ist und man ihm nicht vertrauen darf.

Daher halte ich so gern Vorträge – um Unternehmen ein wenig über die kommenden Entwicklungen zu berichten. Damit die Menschen mehr Vertrauen in die kommende Zeit haben und sich dem Wandel öffnen. Sie bekommen »digital confidence«, wie man so schön in Beraterkreisen sagt. Ein wenig Vertrauen darin, dass die Zukunft gestaltbar ist und die Digitalisierung auch viel Gutes bringt.

Wir sollten um Vertrauen in eine gute, schöne, lebenswerte Zukunft werben. Möglichst fundiert und mit transparenter, ehrlicher Kommunikation.

Prüfe, wem Du vertrauen kannst und wer mit Dir auf Deinem Weg gehen darf.

Mut.

»Only the brave.« Nur die Mutigen haben eine Chance, in den Zeiten der Unsicherheit durch den Sturm zu kommen. Eine alte Tugend, dieser Mut. Die Definition von Mut bei Wikipedia ist ganz interessant:

Teil 1 der Definition von Mut: »Mut ist die Fähigkeit, in einer gefährlichen, riskanten Situation seine Angst zu überwinden. Furchtlosigkeit angesichts einer Situation, in der man Angst haben könnte.«

Ich habe ganz am Anfang schon auf das Problem hingewiesen, dass wir aus der Evolution heraus eher Angsthasen sind. Wir haben gelernt, dass Angsthasen überleben. Das galt gefühlt aber nur bis zur Einführung der elektrischen Zahnbürste. Also bis ins letzte Jahrhundert. **Wie können wir mutiger werden? Indem wir viele, auch falsche Entscheidungen treffen und dann immer besser werden.** Man weiß ja, wie viele Fehlentscheidungen Google schon immer getroffen hat und diese, ohne zu Zögern, auch wieder beerdigt hat. Jeff Bezos hat sicher auch viel Mut, ich erinnere mich an ein Amazon-Smartphone, das auch nur kurz das Licht der Welt erblicken durfte. Das Amazon Fire Phone floppte grandios. Egal. Hinfallen, aufstehen, Krone richten und weiter …

Teil 2 der Definition von Mut: »Mut ist die grundsätzliche Bereitschaft, angesichts zu erwartender Nachteile etwas zu tun, was man für richtig hält.«

In diesem Sinne sind all die mutig, die nicht den Tag-zwei-Weg gehen, sondern neue Wege suchen. Ich bin da zuversichtlich, denn ich sehe überall, selbst bei den Banken, wie Menschen mutig die neuen Fragen formulieren und sich an den Antworten versuchen. Die Frage der Banken: Haben wir überhaupt noch ein zukunftsfähiges Geschäftsmodell in einer Zeit, in der die Middlemen, also die Vermittler*innen durch transparente Märkte und die Blockchain überflüssig werden? Und man macht sich auf die Suche nach Antworten, die vielleicht das Banking von Grund auf neu definieren, zum Beispiel indem man nicht Verwaltung von Geld, sondern die Verwaltung eines neu zu definierenden Wohlstands anbietet …

Mutig sein heißt, eine Haltung einzunehmen und sie zu vertreten. Zunächst müssen wir zuhören, die Meinung anderer verstehen. Dann sollten wir uns einmischen und klare Kante zeigen. Auch Unternehmen sollten viel deutlicher Position beziehen und sich in Fragen rund um relevante Themen wie Gerechtigkeit, Gesellschaft, Verantwortung einbringen. Das hier ist nicht China, wir dürfen und sollten alle mutig eine eigene Meinung vertreten.

Mutig sein heißt, Chancen zu ergreifen, auch wenn die Bedingungen nicht optimal sind. Denn sonst bräuchte es ja keinen Mut. Also los, die Unsicherheit annehmen und auch riskante Wege beschreiten. Das Glück belohnt die Mutigen.

Empathie.

Empathie ist die Fähigkeit und Bereitschaft, sich in die Einstellungen anderer Menschen einzufühlen. In den 90er-Jahren, in der Zeit, in der Gordon Gekko, der Held des Films »Wall Street« (1987) noch als ein Vorbild funktionieren konnte, galt: Gier ist gut – und wenn Du einen Freund brauchst, kauf Dir einen Hund.

Empathie war da nicht so angesagt. Aber diese Zeit der harten Egotaktiker geht zu Ende. Es macht auch einfach keinen Spaß, Egoist*in zu sein. Kurt Tucholsky beschrieb Egoist*innen bereits Anfang des 20. Jahrhunderts: »Ei ist Ei, sagte der Egoist und nahm sich das größte.« Doch Veränderung kann nur passieren, wenn wir uns nicht mehr das größte Ei nehmen und uns in die Situation anderer Menschen hineindenken. Ich weiß selbst, wie schwer das ist. In Zeiten des Toilettenpapiermangels, zu Beginn der Corona-Krise, habe auch ich gehamstert und erst mal im Netz Toilettenpapier bestellt. Ich schämte mich dann auch mächtig, als es sechs Wochen später geliefert wurde, als

»Klopapier-Gate« längst überwunden war. Von dieser kleinen peinlichen Anekdote einmal abgesehen: Wir kamen auch deshalb gut durch die erste Zeit der Pandemie, weil alle sich Mühe gaben und einander halfen. Das aktuell vielleicht größte Problem, die Spaltung der Gesellschaft, überwinden wir nur, wenn wir uns in die, die anders denken als wir, hineinversetzen. Wenn wir verstehen, weshalb er oder sie diese Positionierung wählt. Um dann verständnisvoller argumentieren zu können.

Im großen Rahmen kommen wir auch nicht mehr um die Frage herum, wie wir unseren Wohlstand gerechter verteilen. Wir müssen uns in die Menschen hineindenken, die auch ein Ei haben wollen, die sich auch Bildung und eine gute gesundheitliche und wirtschaftliche Versorgung und eine intakte Umwelt wünschen. Empathie heißt, den oder die Nachbar*in verstehen zu lernen. Dabei sollten wir nicht nur auf lokale Probleme schauen. Wir müssen größer denken und dürfen auch nicht zulassen, dass in den afrikanischen Townships vier Personen ohne die mindeste Hygiene auf knapp vier Quadratmetern hausen. Wir müssen schnell mehr Empathie lernen. Die Welt ist durch die Globalisierung ein Dorf geworden. Die kommenden Krisen zwingen uns, zusammenzuhalten. Das geht nur, wenn wir an alle Bewohner*innen des Dorfes denken und uns um sie kümmern.

TRÄUMEN

Anaul

Träumen: Der Aufbruch.

Hier, im letzten Teil des Buches, geht es um Gedanken zum Aufbruch in die weiter entfernte Zukunft.

Ob der Traum von der Zukunft ein guter wird, bestimmen wir, ich versuche auch, einige kritische Aspekte anzusprechen.

Wer eine Vision hat, ist vorn.

Wie wird sich die Welt in der Zukunft entwickeln? Ich denke, ein wesentlicher Punkt muss ein gerechteres Teilen der Ergebnisse der steigenden Produktivität sein.

Die Produktivität steigt seit vielen Jahrzehnten immer mehr und die Verlagerung der Wertschöpfung von der Hardware zur Software eröffnet noch mehr Optionen. Hat man früher ein Auto (Hardware) gebaut und verkauft, dann ist ein Auto morgen nur noch einer von vielen Teilen eines Mobilitäts-Ökosystems (Software), bei dem Menschen Mobilität als einen Service buchen und kein Auto mehr kaufen (»mobility as a service«).

Zudem werden wir in allen Bereichen der Produktivität immer schneller und effizienter, wir arbeiten stärker zusammen und verlassen die Elfenbeintürme, durch die Internetforen und Co-

Working-Optionen arbeiten wir gemeinsam an Lösungen. Die gegenseitige Unterstützung nimmt eher zu als ab.

Algorithmen nehmen uns zunehmend Arbeit ab, und wenn die Quantencomputer, die neuen Superrechner, erst einmal fehlerfrei ihren Dienst aufnehmen, können sie helfen, die ganz großen komplexen Systeme präzise zu berechnen und zu steuern. Von all diesen Entwicklungen wird die Welt, zuallererst die Umwelt, profitieren. Aber auch wir werden ein erfülltes und sorgenfreieres Leben leben können. Wenn wir gemeinsam mit Politik, Wirtschaft, Wissenschaft und Gesellschaft rechtzeitig Visionen entwerfen.

Die Politik ist gefragt und ich muss sagen, dass ich skeptisch bin, was ihre Visionsfähigkeit angeht. Die ganze Struktur der Politik, dieses kompromissbasierte Denken erlaubt keine großen Würfe, keine großen Visionen.

Die Wirtschaft reagiert, wenn sie erkennt, dass es nötig ist, schneller. Ich bin immer wieder erstaunt.

Überrascht hat mich gerade Laurence Douglas Fink. Er leitet die Fondsgesellschaft BlackRock. Der Finanzgigant ist mit etwa 6,5 Billionen Euro der weltgrößte Vermögensverwalter (Stand 31.12.2019). Das Unternehmen ist an mehr als 15 000 Unternehmen beteiligt, auch an allen 30 Dax-Konzernen.

Und dieser Laurence D. Fink, genannt Larry und der mächtigste Mann an der Wall Street, schreibt Anfang 2020 an seine Anleger-Gemeinschaft, dass das Unternehmen künftig das Thema Nachhaltigkeit ins Zentrum seines Investmentansatzes rücken wird: »Wir werden uns von Anlagen trennen, die ein erhebliches Nachhaltigkeitsrisiko darstellen.«

Na, das ist ja mal ein entschlossenes Statement. Er kündigte an, Vorständen und Aufsichtsräten die Zustimmung zu verweigern, wenn ihre Unternehmen beim Thema Nachhaltigkeit keine ausreichenden Fortschritte machen.[25]

Es geht also, visionäre Vorschläge kommen aus unerwarteten Richtungen. **Die Vision einer besseren Welt ist machbar, wenn sich die Vernunft durchsetzt.** Also los, liebe*r Leser*in, entwickeln und planen wir Visionen für eine Zukunft, in der wir leben wollen, und eine Welt, die wir guten Gewissens an unsere Kindern weitergeben können.

Ich will gern starten und meine Zukunftsvisionen mit Dir teilen. Nur ein paar, aber dafür sind es wichtige Aspekte. Es sind positive Visionen, die Lust auf die Zukunft machen sollen, wenngleich ich weiß, dass mit ihnen auch immer Gefahren und Risiken einhergehen. Die werde ich, soweit ich sie selbst erkennen kann, auch ansprechen.

Algorithmen, Automatisierung und die digitale Revolution.

Unser Leben wird sich dramatisch verändern. Algorithmen übernehmen Arbeit, das Denken und auch die Kreativität. Dabei ist ein Algorithmus erst einmal gar nicht intelligent, sondern einfach eine Reihe von Handlungsanweisungen, die Schritt für Schritt ausgeführt werden, um eine Aufgabe zu erfüllen. Ein beliebtes Beispiel: Kochrezepte. Das sind Anweisungen, was zu tun ist. Mehl in die

....
25   https://www.blackrock.com/corporate/about-us/leadership/larry-fink

Schüssel, Eier, Milch dazu, in den Ofen bei 180°, 45 Minuten und dann ist der Kuchen fertig. Wenn die Schritte ziemlich kompliziert sind, können Algorithmen sogar intelligent wirken, aber mit Künstlicher Intelligenz haben sie noch nichts zu tun.

Davon redet man heute, wenn man das maschinelle Lernen meint. Hier erkennen Maschinen dann von selbst Muster und Regelmäßigkeiten. Es gibt nicht einen festen Weg von Schritten zur Lösung, sondern die Maschine lernt im Prozess durch ein Training, welche Wege geeignet sind, um die Lösung zu finden. Sie vergleicht Muster, macht sozusagen Erfahrungen. Innerhalb des maschinellen Lernens gibt es die Methode des sogenannten Deep Learnings, und jetzt wird es spannend. Deep Learning beruht auf neuronalen Netzen. Das funktioniert schon ein bisschen so wie unser Gehirn. Beim Deep Learning kann das System das Erlernte immer wieder neu verknüpfen und daraus lernen. Es kann selbstständig Entscheidungen treffen und Prognosen entwickeln. Das System, die Maschine, lernt dann in der Konsequenz selbst, der Mensch bleibt außen vor und kann auch nicht mehr nachvollziehen, auf welchem Weg die Maschine zu den richtigen Schlüssen gekommen ist. Die Maschine bringt sich also selbst immer mehr bei.

Das ist der Punkt, der uns Angst macht, denn wenn diese Systeme erst einmal in Fahrt kommen, könnte theoretisch der Punkt der technischen Singularität erreicht werden, der Zeitpunkt, an dem Maschinen schlauer sind als wir. Die KI würde sich dann stets selbst verbessern, neue Erfindungen machen, und diese Entwicklung würde so sehr beschleunigt, dass man nicht mehr in der Lage wäre, zu verstehen oder zu prognostizieren, was nach diesem Zeitpunkt geschieht. Die Wissenschaftler*innen sagen, wenn die Künstliche Intelligenz die menschliche übersteigt, dann ist sie die letzte Erfindung der Menschheit, denn alle

Entscheidungen und Entwicklungen würden von diesem Punkt an von Maschinen gesteuert, die uns dann weit überlegen sind (ein beliebtes Szenario in Science-Fiction-Filmen, der »Terminator« lässt grüßen!).

Hiervor wird immer wieder gewarnt, auch von so visionären Menschen wie Elon Musk. Immer wieder tauchen hier ganz neue, extrem wichtige Fragen auf. Zum Beispiel: **Wie weit können wir in diesem Prozess gehen, bevor wir die Kontrolle über die Maschine und die Zukunft verlieren und unser Denken und damit auch uns überflüssig machen?**

Noch mal zurück zu den Algorithmen. Alle Methoden im Bereich der Künstlichen Intelligenz bedienen sich der Algorithmen. Sie helfen aber immer weniger, eine direkte Lösung zu finden (wie gelingt der Kuchen?), sondern sie helfen, das Lernen zu optimieren. Der Algorithmus ist dann nicht mehr die Kochhilfe, sondern unterstützt die KI darin, 6-Sterne-Koch oder -köchin zu werden!

Zeit, von der Theorie zur Praxis zu kommen. Was bedeutet das für uns? Die Gefahr ist, dass eine Künstliche Intelligenz einfach in vielen Bereichen zu besseren Ergebnissen kommt als wir selbst. Oder anders: Irren ist menschlich – nicht irren ist Künstliche Intelligenz.

Ein einfaches und sehr leicht nachvollziehbares Beispiel ist der Einsatz von Google Maps, der Navigations-App von Google, im Straßenverkehr.

Als ich bei Fahrten mit meiner Familie damals begann, auf Google Maps zu hören, war ordentlich was los im Fahrgastraum.

Jede*r in der Familie hatte einen Vorschlag, wie wir doch viel besser zum Ziel kommen würden, wenn wir jetzt nicht auf die Software hören würden. Da gab es auch durchaus Streitpotenzial mit meiner Frau. »Um diese Zeit über die Hochallee? Blödsinn!«

Na, Du wirst vielleicht ähnliche Erfahrungen gemacht haben, aber mit der Zeit lässt der menschliche Widerstand nach. Denn Google Maps hat immer recht und meine Frau, nun ja, in diesem Fall nur manchmal. Denn Google Maps kennt alle aktuellen Staus und immer den kürzesten Weg und hat jetzt die Macht im Auto komplett übernommen. Und meine Frau und ich können uns in Ruhe über andere Themen streiten ... So ist das mit der KI, erst ist man skeptisch, dann überzeugt. So wird es auch mit der Beratungsleistung der Ärzt*innen gehen. Jetzt hören wir noch auf unseren Hausarzt oder unsere Hausärztin, die uns so gut kennen und die uns zuverlässig all die Jahre begleitet haben. Wenn es aber ernst wird und eine Krankheit anklopft, dann hören wir nicht mehr nur auf Ärzt*innen, sondern gern auch auf eine Künstliche Intelligenz. Die KI greift auf sehr viel mehr Datensätze zurück und ist absolut präzise bei der Diagnose, im Gegensatz zur »herkömmlichen« Medizin. Zu dem Thema gibt es übrigens auch viele Beispiele, die zeigen, dass beim Auswerten von Röntgenbildern der KI nichts entgeht, während Arzt oder Ärztin hier schon mal etwas übersehen.

KI und Kreativität.

Und wie wird sich die Kreativität entwickeln? Kann KI einen kreativen Prozess durchlaufen? Ich denke, mit entwickelten Algorithmen wird das immer besser gelingen. Ich will das an einem persönlichen Beispiel verdeutlichen, das mit der kreativen Kraft von zwei

Frauen zu tun hat. Und dann wechsele ich die Perspektive und prüfe, ob eine KI nicht zu ähnlichen Ergebnissen kommen könnte.

Bereit? Also los. Ich durfte vor ein paar Jahren an einem Workshop bei einer Bank in Berlin teilnehmen und zwei junge Frauen kümmerten sich um das Catering, es war rein vegan und köstlich. Wir kamen dann ins Gespräch und sie erzählten, wie sie in Berlin gemerkt haben, dass vegane Küche immer mehr Anhänger*innen findet, sie sich selbst auch vegan ernähren, es aber kaum vegane Cafés gibt. Also starteten sie gegen viele Widerstände durch. Sie hatten Schwierigkeiten bei der Finanzierung, da sie noch keine Erfahrung mit der Gastronomie vorweisen konnten und die Banken skeptisch waren. Sie suchten ein geeignetes Mietobjekt, das in einer öko-freundlichen Nachbarschaft liegen sollte, und los ging es. Der Anfang war schwer, die beiden konnten sich nur durch einen engagierten Einsatz in den ersten Monaten über Wasser halten. Neben Kaffee und veganen Snacks entwickelte sich ihr Angebot dann über leckeren veganen Kuchen bis hin zu dem Catering, von dem ich dann bei dem Workshop profitieren durfte. Eine schöne Geschichte, die das Leben schrieb: Zwei kreative Menschen finden ihren Weg. Abenteuer Leben.

Aber mit dem, was die Künstliche Intelligenz vermag, könnte man sich auch vorstellen, dass diese Geschichte von den Algorithmen der Zukunft ganz anders geschrieben würde, dann verliefe sie vielleicht so:

Die KI sucht im Auftrag eines Investors nach kreativen Geschäftsmodellen. Aufgrund der vorliegenden Daten bemerkt die KI, dass vegane Produkte in den Supermärkten Berlins, insbesondere in einem bestimmten Wohnumfeld, zunehmend nachgefragt werden. Die KI analysiert, welche Restaurants und Cafés in der Region existieren und welche schon vegane Produkte anbieten. Sie analysiert die Muster und Strukturen und erkennt: Hier entwickelt sich ein Bedarf, für den es noch kein Angebot gibt. Die KI kontaktiert selbstständig einen Immobilienmakler, mietet einen Raum in der idealen Location, entwickelt einen Businessplan und verhandelt die Finanzierung mit der Bank, scannt den Arbeitsmarkt und sucht nach engagierten Menschen, die aufgrund ihrer Lebensumstände gut für das Führen eines veganen Cafés geeignet sind, und stellt diese an. Das Geschäft ist natürlich erfolgreich, die Daten sind die Basis für den Erfolg. Die nötigen Daten und die nötige KI stehen heute schon bereit. Das ist schon beängstigend, nicht wahr?

Allerdings ist das nun nicht wirklich ein kreativer, sondern ein analytischer Prozess – ganz ohne die Herzlichkeit der jungen Inhaberinnen, aber er führt auch zu einem erfolgreichen Business-Ansatz.

Die Künstliche Intelligenz holt schnell auf. Während der Arbeit an diesem Buch wurde das Programm GPT-3, das das Forschungslabor OpenAI entwickelt hat, in einer Betaversion freigegeben. OpenAI, das sich auf die Erforschung von Künstlicher Intelligenz spezialisiert hat, wurde von Elon Musk und Peter Thiel mitbegründet, dem ersten externen Kapitalgeber von Facebook, der später PayPal und Palantir erfolgreich machte.

GPT-3 ist ein Textgenerator, der zeigt, was Künstliche Intelligenz bereits heute schon kann.[26] Du musst ihm nur wenige

....
26   https://t3n.de/news/ki-neuer-openai-textgenerator-1301677/

Worte vorgeben, dann kann das Programm nicht nur Sätze vervollständigen, sondern Pressemitteilungen, Songtexte und sogar Kurzgeschichten schreiben. Die ersten Tests scheinen ziemlich beeindruckend zu sein, so verblüffend perfekt sind die Ergebnisse. Das Programm basiert auf Deep Learning und einem neuronalen Netz mit 175 Milliarden Parametern.

Wir sollten genau hinschauen, was da noch auf uns zukommt.

Ein Leben mit Künstlicher Intelligenz.

Die Entwicklung ist nicht aufzuhalten. Viele Dinge, die unsere Zeit beanspruchen, wird die KI für uns erledigen. Sie wird uns sehr gut kennen und uns beraten, was zu tun ist. Da diese Beratung auf vielen Daten basiert, wird diese Beratung wertvoll und ziemlich treffend sein. Und wie genau? Und wer wird diese Dienste anbieten? Vielleicht die Banken, die nicht mehr Dein Geld, sondern Deine Daten für Dich verwalten.

Aber Achtung, das ist wieder eine dieser neuen Fragen: *Wo* werden Deine Daten dann eigentlich verwaltet? In Asien? In den USA? Seit den Enthüllungen von Whistleblower Edward Snowden im Jahr 2013 würde ich das nicht empfehlen. Der ehemalige CIA-Mitarbeiter enthüllte die Spionagepraktiken des US-Geheimdienstes NSA und bewies den banalen Grundsatz: Alles, was schiefgehen kann, geht auch schief. Und wenn wir glauben, auf Servern irgendwo auf der Welt wären unsere Daten sicher, dann müssen wir uns eben leider eines Besseren belehren lassen. Und wenn unsere Daten gehackt werden können, dann werden sie auch gehackt.

Daher wäre mir wohler, wenn wir ein europäisches Serversystem hätten, das unsere Daten möglichst unabhängig verwaltet, in der Hoffnung, dass nichts schiefgeht. Das wäre auch ein gutes Angebot und Businessmodell für ein deutsches Daten-Lager-Konzept – ich bin überzeugt, dass sich viele Menschen sehr dafür interessieren würden. Deutschland hat trotz Schummel-Software weltweit immer noch einen hervorragenden Namen, gilt als gut organisiert und wenig bestechlich. Wenn man die Menschen fragen würde, wo sie ihre Daten gern lagern würden, zum Beispiel in Los Angeles, in Peking oder in Bielefeld, dann bin ich überzeugt, dass die meisten Befragten, vorausgesetzt sie wissen, wo Bielefeld liegt, sich für Bielefeld entscheiden würden. Und für die Gewissheit, dass die Daten dort gut geschützt und behütet lagern, würde man sicher auch gern ein wenig Geld zahlen wollen. Ich auch. Denn unser aller Abhängigkeit von Daten wächst.

Ich habe weiter oben ja schon beschrieben, dass man auch in der Medizin einen Sprung nach vorne machen kann, wenn die Prävention, basierend auf unseren Millionen von persönlichen Daten, durch KI optimiert wird. Die Daten sind alles. Wenn die Ärzt*innen in der Zukunft aber nicht auf die Daten zugreifen können, dann können sie auch keine Diagnosen erstellen. Das heißt, wenn die Daten in Silicon Valley von Tech-Unternehmen verwaltet werden, dann können Deine Ärzt*innen nur noch dann für Dich die präzise Diagnose stellen, wenn sie auf diese Daten zugreifen können. Das können sie aber nur, wenn sie einen Vertrag zur Nutzung mit dem Unternehmen im Silicon Valley abschließen. Da droht eine riesige Abhängigkeit, die wir uns alle nicht wünschen können.

Das Problem ist schon lange bekannt – und endlich, endlich tut sich auch etwas. Die Bundesregierung kündigte Ende 2019 das

Projekt Gaia X an, ein europäisches Datennetzwerk, das die Serverkapazitäten vieler kleiner und großer Unternehmen so miteinander vernetzen will, dass die Daten sicher geteilt und genutzt werden können. Man wird sehen, ob es gelingt. Zumindest sind Unternehmen wie Bosch, SAP, Telekom, Siemens, Festo und die Deutsche Bank an Bord.

Aber noch mal zurück zu dem, was mit all den Daten, wo immer sie denn liegen, dann geschieht. Gehen wir mal davon aus, dass zum Beispiel eine Bank die Daten für Dich verwaltet, und das in bester Absicht und treuhänderisch. Die Bank könnte sich aufgrund Deiner Daten mit einer schlauen Software darum kümmern, dass alle finanziellen Fragen von Deinen Schultern genommen werden. Wir sehen ja diese ganze Finanzverwaltung als Bürde an, niemand sagt bislang: Ich möchte gern mal wieder zur Bank, nein, man sagt: Ich *muss* zur Bank. Die Filialen müssen sich ändern und das Kundenerlebnis auch.

Wie ich von einem meiner Bank-Kund*innen weiß, wird daran gerade auch erfolgreich gearbeitet, das Problem ist bekannt. Wenn die KI der Bank Deines Vertrauens jetzt Dein Ausgabeverhalten mit Deinen finanziellen Rahmenbedingungen abgleicht, ergeben sich schon eine Menge interessanter Hinweise. Die KI könnte berechnen, wie sich Dein Einkommen über die letzten Jahre und Jahrzehnte verändert hat – hoffentlich in die richtige Richtung – und wie sich Deine Ausgaben entwickeln. Wofür Du gern Geld ausgibst. Wie Dein Anlageverhalten ist und so weiter. Dann könnte die KI im Hintergrund dafür sorgen, dass Du immer finanziell abgesichert bist. Immer eine Handbreit Wasser unter dem Bug und für Zeiten der Unsicherheit auch genug Rücklagen hast.

Viele Menschen haben für die Zeit der Krise nicht vorgesorgt, zu komplex sind die Entwicklungen, das kann eine*r allein heute ja gar nicht bewältigen. Eben dafür hast Du dann in der Zukunft die KI der Bank an Deiner Seite, die Dir auf Basis der verfügbaren Daten einen sicheren Korridor berechnet und die Dir dann sanft, aber bestimmt empfiehlt, heute Abend nicht wieder in ein Restaurant zu gehen, sondern selbst zu kochen, oder bei dieser Generation des neuen Smartphones mal auszusetzen.

Solche Sparvorschläge werden natürlich genau zu Dir passen. Die KI weiß ja, wofür Du in der Vergangenheit gerne Geld ausgegeben hast, und macht ihre Sparvorschläge dort, wo Dein Schmerz gering ist, wenn Du hier sparen musst.

Bereits heute gibt es das Robo-Banking, bei dem Du einer KI sagst, wie riskant sie Dein Geld anlegen darf. Und dann rechnet sie los und kauft und verkauft automatisch rund um die Uhr Aktien, Rohstoffe, Währungen etc. Sie kann das. Das läuft gar nicht so schlecht, wie ich aus persönlicher Erfahrung sagen kann.

Die Daten können aber auch zeigen, dass Du aktuell zu viel arbeitest, und die KI kann Dir Vorschläge für einen neuen Job machen, der besser für Dich ist. Nicht, weil die KI das glaubt, nein, sie *weiß* es, auf Basis Deiner Gesundheits-Daten. Das ist ein schmaler Grat zwischen einer positiven utopischen und einer fiesen dystopischen Vision.

Die Zukunft wird berechenbarer und das muss nicht schlechter sein als heute. Wir bekommen durch die neuen Möglichkeiten der KI eine Chance auf ein besser betreutes Leben. Das ist der Lauf der Dinge, denn wenn wir ein paar Jahre zurückblicken, gab es damals eben auch noch keine Krankenversicherungen, keine Rente, keine Vollkasko-Angebote und keine Datingportale, die mit immer besseren Algorithmen die richtigen Partner für uns vorsortieren.

Wo wir Hilfe brauchen und es Angebote gibt, da nehmen wir sie an (vorausgesetzt die Daten liegen auf einem Server in Bielefeld). Die Folge: Wir werden bei der Entscheidungsfindung entlastet und können die gewonnene Zeit für neue Aufgaben und Herausforderungen einsetzen.

Ausblick KI.

Wie geht es weiter mit der Künstlichen Intelligenz? Wir in Deutschland suchen doch gerade ein neues Kompetenzfeld. Können wir hier nicht punkten? Es wär doch wirklich gut, wenn wir in Europa bei diesem wichtigen Thema, das unsere Zukunft so stark beeinflussen wird, mitreden könnten.

Vermutlich wird das schwer, ist aber nicht unmöglich, vorausgesetzt wir starten noch einmal kräftig durch. Ich will kurz anreißen, wo wir stehen und warum.

Im November 2018 kündigte die Bundesregierung noch stolz an, man wolle in Deutschland Vorreiter für Künstliche Intelligenz werden und in den nächsten sechs Jahren drei Milliarden Euro investieren, also im Schnitt eine halbe Milliarde pro Jahr. Das klang erst einmal nach einer guten Nachricht. Wenn man aber verfolgt, was in anderen Märkten investiert wird, dann macht diese Nachricht eher traurig. China will 15 Milliarden Dollar in KI-Projekte investieren.[27] Wie kommt das? Am 27. Mai 2017 wurde der chinesische Weltranglistenerste im Spiel Go, Ke Jie in Wuzhen, China, in allen drei Partien eines Go-Spiels geschlagen. Ein Event, das weltweit live im Fernsehen übertragen wurde.

....

27   www.zeit.de/2018/39/weltkonferenz-kuenstliche-intelligenz-shanghai-technologie-china-usa

Geschlagen wurde Ke Jie von AlphaGo, dem Go-Computerprogramm der Firma DeepMind, die wiederum Google gehört. DeepMind ist spezialisiert auf Künstliche Intelligenz und damit zerlegte AlphaGo den Superspieler. Der arme Kerl weinte im Fernsehen, als er wieder und wieder verlor. Ganz China sah zu. Die Niederlage war der Beginn einer entschlossenen Aufholjagd durch die chinesische Regierung. Im Juli 2017, nur knapp zwei Monate nach dem Schock, veröffentlichte China den Next Generation Artificial Intelligence Development Plan (KI-Plan): eine dreistufige Strategie für die rasante Entwicklung im KI-Bereich: die USA bis 2020 einholen, bis 2025 überholen und bis 2030 global führen.

Milliarden Gelder wurden zur Verfügung gestellt. Die großen chinesischen IT-Firmen investieren in KI-Forschung, die IT-Studenten im ganzen Land stürzen sich auf das Thema. Schon im Kindergarten sorgen die ehrgeizigen chinesischen Eltern dafür, dass ihre vierjährigen Kinder an das Programmieren herangeführt werden (der Druck auf die Kinder ist immens, gerade hat Peking angeordnet, dass private Nachhilfekurse künftig vor 20:30 Uhr enden sollen, und danach dürfen keine Hausaufgaben mehr gemacht werden[28]).

Ein Ausblick auf die Zukunft der KI muss auch die dunkle Seite dieser Entwicklung erwähnen und was man mit KI heute schon so alles machen kann. Zum Beispiel: eine perfekte Überwachung durch Gesichtserkennung. Das nennt sich dann in China das Social-Credit-System. Es überwacht jede*n einzelne*n Bürger*in und vergibt Punkte für Wohlverhalten oder zieht sie

....
28   https://www.welt.de/politik/ausland/article181543616/Schule-in-China-Peking-will-Nachhilfe-Boom-stoppen.html

bei einem Fehlverhalten ab. Der Punktestand regelt, wohin man reisen darf, welche Wohnungen man bekommt, welche Ausbildung man wählen kann. Wenn der Punktestand niedrig ist, wird der Internetzugang reduziert, der Zugang zu Social-Media-Plattformen gesperrt und vieles mehr. Tests will die Regierung bis Ende 2020 abschließen, um dann ein verpflichtendes einheitliches Social Scoring landesweit zu starten.

Bei der Künstlichen Intelligenz dürfen wir den Anschluss nicht verlieren. Diese Technologie ist so entscheidend dafür, wie wir leben werden, dass wir schnell und entschlossen in diese Technologie investieren sollten. Das Rennen ist noch nicht entschieden (hoffe ich).

Die andere Arbeit.

Algorithmen und die Automatisierung werden große Auswirkungen auf die Arbeit haben. Es wird wie gesagt weniger Arbeit geben. Das ist ausgemacht. Klar, es wird sicher auch viel neue Arbeit entstehen.

Es gibt viele neue Arbeitsbereiche: viele Jobs, die es in der Zukunft geben wird, haben heute noch nicht mal einen Namen.

Es gibt aber einen wesentlichen Unterschied zu ähnlichen Shifts in der Vergangenheit. Als wir den Sprung von der Agrargesellschaft in die Industrialisierung und später in die Dienstleistungsgesellschaft gemacht haben, waren die Chancen immer noch ganz gut, einen neuen Arbeitsplatz in dem neuen Segment zu finden. Bauer wird Fabrikarbeiter, wechselt dann in einen Beratungsberuf. Machbar. Jetzt fallen weltweit sehr viele Jobs der

Automatisierung zum Opfer. Da gibt es dann gar keinen Ersatz für die wegfallenden Jobs mehr.

Nur ein Beispiel ist die Situation bei Foxconn.[29]

Foxconn stellt zum Beispiel die Hardware für Nintendo, Microsoft, Sony, Apple und andere Unternehmen her. Vom Smartphone bis zum Tablet. Bei Foxconn arbeiten aktuell mehr als eine Million Menschen. Allein in der iPhone-Produktion in der chinesischen Stadt Kunshan hat das Unternehmen schon vor vier Jahren 60 000 der einst 110 000 Mitarbeiter durch Foxbots (Roboter) ersetzt. Die stellt man bei Foxconn gleich selbst her, jedes Jahr an die 10 000 Roboter. Das Ziel ist, die gesamte Produktion auf Roboter umzustellen.

Weit weg? Muss uns nicht kümmern? Doch. Zum Beispiel werden auch alle Kassierer*innen ihren Job verlieren, wenn die Technik den Scan-Vorgang an der Kasse automatisiert. Da gibt es ja schon sehr überzeugende Beispiele. Amazon Go in Seattle ist ein reales Shopkonzept, das seit Herbst 2017, nach vier Jahren intensiver Forschung, nun einen besonderen Service anbietet:

Du betrittst den Amazon-Go-Laden, hältst Dein Smartphone über einen Scanner und bist somit registriert. Jetzt gehst Du zum Regal, greifst hinein und nimmst Dir heraus, was Dein Herz oder Bauch begehrt. Kameras erkennen das Produkt und Dich. Jetzt kannst Du das Geschäft fröhlich und ohne nervigen Stopp oder eine Schlange an der Kasse verlassen. Der Betrag des Produkts wird von Deinem Amazon-Konto abgebucht. Die Stores könnten übrigens auch nach Deutschland kommen, wie

....
29   www.winfuture.de/news,101864.html

der Deutschlandchef Ralf Kleber im Januar in der *Welt am Sonntag* angekündigt hat.[30]

So schön das für Dich als Kund*in ist, es gibt dann aber keine Kassierer*innen mehr. Das ist eine schlechte Nachricht, denn in Deutschland arbeiten aktuell etwa drei Millionen Menschen im Handel, von denen etwa ein Drittel im Kassenbereich arbeitet. Das ist eine deutlich höhere Zahl als die so oft zitierten 750 000 Mitarbeiter*innen in der Automobilindustrie, die auch mittelfristig bedroht sind.

Zwischenfazit: Die einfachen Jobs fallen weg. Nun sollten wir meinen, das wars. Kann man ja noch verstehen, einfache Jobs sind häufig auch nicht sehr ausfüllend für die Menschen. Vermutlich bekommen wir früher oder später ein Grundeinkommen, dann ist der Verlust des Arbeitsplatzes zumindest nicht bedrohlich und die Einkommenssituation entspannt sich.

Nun werden also viele Menschen entlassen und suchen neue Jobs. Die neuen Jobs werden aber anspruchsvoller sein und eine Ausbildung in unseren bereits zitierten MINT-Fächern erfordern. Diese neuen Jobs erfordern ein gewisses Maß an Fachwissen und Ausbildung. Heute als Kassierer*in den Job verloren, morgen als Programmierer*in wieder anfangen – das dürfte schwer werden.

Noch ärger ist der Punkt, dass viele hochqualifizierte Jobs ebenso wegfallen werden. Und es trifft nach einer Studie von PWC aus 2018 (»Will robots really steal our jobs?«) alle Altersgruppen

....

30   www.horizont.net/tech/nachrichten/amazon-go-kassenlose-supermaerkte-koennten-auch-nach-deutschland-kommen-179912

gleichermaßen, also nicht nur ältere Mitarbeiter*innen. Bis zu 50 Prozent aller Arbeit, wie wir sie heute noch kennen, wird verschwinden.

Denn immer da, wo der Mensch sehr spezialisiert arbeitet, kann Software es früher oder später besser. Bei der Auswertung von Röntgenbildern bis zum Fahren von Taxen durch autonome Systeme. Überall fallen Jobs weg und ich kann Dir nur raten, Dich darauf vorzubereiten. Sei möglichst flexibel und versuche, in möglichst vielen Bereichen Fähigkeiten zu entwickeln. Generalist*innen gehört die Zukunft. Wir müssen uns auf Jobs konzentrieren, in denen wir verschiedene Einsichten neu zusammensetzen und anwenden können. **Die Zukunft braucht Menschen, die komplexe Aufgaben schnell bewerten und bearbeiten können.**

Yuval Harari hat in seinem sehr beeindruckenden Bestseller *Homo Deus* geschrieben, dass es Algorithmen und schlauen Softwareprogrammen noch lange verwehrt bleibt, komplexe Jobprofile zu ersetzen. Jäger- und Sammler*innen aus der Zeit vor Pauschalreisen und Smartphones zum Beispiel wissen so viele unterschiedliche Dinge, da kommt eine Software lange nicht hinterher. Denn sie wissen, welche Beeren giftig und welche nicht giftig sind, spüren, woher der Wind weht, kennen sich mit den Tieren aus, verstehen, sich leise anzuschleichen, und so vieles mehr.

Meine Empfehlung für den Job der Zukunft – für Dich und auch Deine Kinder: alle Jobs, die mit Menschen zu tun haben, gerade in dem Feld der Hilfe beim Bewältigen der neuen Aufgaben. Psychologie, speziell Psychotherapie, hat Zukunft. Denn zum einen sind die Erkenntnisse, die man zusammentragen können muss, sehr komplex, zum anderen wird es in der Zeit der Unsicherheit eine hohe Anzahl an Menschen geben, die nicht oder nur schlecht in der Lage sind, mit der Unsicherheit umzugehen. Insbesondere, wenn dieser Zustand lange anhält.

Die Arbeit wird sich ändern und die neue Frage ist, wie wir diesen Prozess bewerten. Ich bin mir sicher, es ist ein bisschen so, wie mit allen großen Schritten in eine neue Zeit: Erst ist man skeptisch, dann sieht man die positiven Dimensionen der Entwicklung und dann nutzt man sie. Bei dem Home-Office-Schock war es doch genauso. Erst war man überfordert mit der digitalen Arbeit von zu Hause aus, dann entdeckte man schnell die Vorteile. Zwar fehlt der Kicker, um mit den Kolleg*innen zu spielen, doch die Zeitersparnis, wenn man nicht mehr zum Büro in die Stadt fahren muss, ist auch ein Argument für das Arbeiten von zu Hause. Wir entwickeln uns weiter und finden neue Wege, da bin ich sicher. Dennoch ist mein Rat, schon jetzt über die Zukunft Deiner Arbeit nachzudenken.

Alexa: Gute Seiten, schlechte Seiten.

In der Zukunft wird uns also viel Arbeit abgenommen. Vorbote der neuen Zeit sind die virtuellen Assistenten – Hey Google oder auch Alexa von Amazon.

Bei diesen digitalen Assistenten müssen wir die Übersicht behalten und gute und schlechte Entwicklungen abwägen.

Ich habe einen Sprachassistenten zu Hause und der hat seine Vorteile! Er hat morgens eine lokale Wettervorhersage im Angebot, kann meinem Sohn den neuesten Witz erzählen, spielt, ohne zu murren, den neuesten Song von Billie Eilish für meine

Tochter und lässt mich die Presseschau auf Deutschlandfunk aufrufen, während ich mir die Zähne putze, oder ich höre mir Podcasts zur Zukunft an. Alexa hilft auch bei vielen Fragen, die in einem neugierigen Haushalt wie dem unseren ständig aufkommen. Alexa, wie alt ist Barack Obama, wie viele Einwohner leben auf den Seychellen? Wie viel sind 19 Prozent von 2300? Was heißt »merkwürdig« auf Englisch? Und so weiter. Die Witze von Alexa sind so na ja. Hier eine Kostprobe: Was sagt der Fuchs, wenn er morgens in den Hühnerstall kommt? Raus aus den Federn!

Aber hier tut sich was und wir müssen die fortschreitenden Entwicklungen einfach besser im Blick haben, wir müssen genauer hinsehen. Das Nürnberger Institut für Markenentscheidungen befragte 2019 über 1000 Personen, die mindestens eine*n Vocie-Assistent*in im Haus nutzen.

87 Prozent stimmten der Aussage »Mein Leben ist bequemer geworden« zu.
81 Prozent haben mit dem Voice-Assistenten Spaß: »Der Voice-Assistenten schafft es immer mal wieder, mich aufzuheitern.«
Und zwei Drittel vermissen ihn sogar, wenn sie anderswo sind.

Na, das sind schon sehr überzeugende Zahlen, die Voice-Assistenten dürfen also, wenn sie einmal den Haushalt erobert haben, bleiben.

Natürlich gibt es eine Schattenseite, zum Beispiel für den deutschen Einzelhandel. Der muss sich schon einmal warm anziehen, denn 77 Prozent der Besitzer von so einem Voice Assistant sagen laut der Befragung: »Ich kann mir vorstellen, in naher

Zukunft manche der regelmäßigen Einkäufe komplett durch einen Voice Assistant organisieren zu lassen.« Das Konzept geht für E-Commerce-Anbieter wie Amazon also auf.

Und hier gibt es noch einen kritischen Punkt. Wenn Du Batterien bestellst und Dir gerade kein Markenname einfällt, was bekommst Du dann? Richtig, die Eigenmarke, Amazon Basics. Das hat natürlich System. Ich unterstelle Amazon, dass sie die Markenartikel langsam aus dem Markt drücken wollen, indem sie sie durch ihre eigenen oder Amazon-exklusive Marken ersetzen. Was nämlich wenig bekannt ist: Das Unternehmen entwickelt mit einer irren Geschwindigkeit gerade in den USA Eigenmarken. Ein unabhängiges Marktforschungsinstitut meldet für 2019 die schwindelerregende Zahl von 146 Eigenmarken und 640 Exklusiv-Marken, die also nur auf dem Portal zu bekommen sind und mit denen das Unternehmen eine größere Gewinnspanne verhandeln kann.

Bei all den angenehmen Effekten der neuen Generation der halbwegs intelligenten Helfer gibt es immer auch einen Plan, den man nicht sofort erkennen kann, von dem man aber wissen sollte. **Wir müssen bei den sprachbasierten Bestellungen bitte auf die guten regionalen Marken achten und darauf, dass kein Anbieter eine zu große Monopolstellung einnehmen kann.**

Die sprachgesteuerten Helfer sind erst einmal noch schön passiv und hören zu. Es wird aber der Tag kommen, an dem sie stärker und stärker in unseren Alltag eingreifen. Wir werden denken, dass das dann ganz normal ist.

Wenn die Dinger erst einmal von sich aus aktiv werden – also, wenn wir ihnen das erlauben –, dann wird es auch Dialoge wie diesen geben, in dem Alexa sich bei mir meldet: »Oliver, ich habe Deinem Streit mit Deiner Frau gestern Abend zugehört, soll ich ihr die Blumen schicken, die sie so gern mag?« Ich werde erst mal geschockt sein und dann anerkennen, dass das eine richtig gute Idee ist. Ich sage Alexa, dass sie sich darum kümmern darf, und der Blumenhändler um die Ecke geht mal wieder leer aus. Jetzt sagst Du: »Ach, das ist ja völlig aus der Luft gegriffen, so weit wird es nie kommen!«

Nun ja, dann darf ich Deine Aufmerksamkeit auf ein Patent richten, das Amazon am 9. Oktober 2018 beim amerikanischen Patentamt eingereicht hat. Nach der Story, die jetzt kommt, sollten wir zumindest die Stirn runzeln und den Teil dahinter mal zum Nachdenken anregen.

Das Patent will absichern, dass Alexa in der Zukunft »ungewöhnliche körperliche und emotionale Zustände« an einem veränderten Klangbild der Stimme erkennen kann, um dann passende Angebote zu machen. Zum Beispiel wird Alexa dann Halsschmerzen oder Husten erkennen. Das kann man sich ja noch ganz gut vorstellen, aber Alexa erkennt auch Erregung oder Trauer. Das heißt, wenn alles so kommt, wie das Patent verspricht, redest Du eines nicht sehr fernen Tages mit Alexa und die KI analysiert im Hintergrund anhand Deiner Stimme Deine Befindlichkeit. Das ist im Patentantrag schon genau beschrieben.

Ein möglicher Dialog wird im Patent-Antrag, der der US-Patentbehörde vorliegt, beschrieben und geht in unserem Fall etwa so:

Du sagst (nichtsahnend): »Alexa (hust, schnief), ich bin hungrig.«

Darauf Alexa: »Möchtest Du ein Rezept für eine Hühnersuppe? Oder kann ich Dir etwas anderes raussuchen? Übrigens, nebenbei, möchtest Du Hustentropfen, die ich Dir innerhalb einer Stunde liefern kann?«

Das klappt auch bei einer traurigen Stimmung, in der wir für Konsum und kleine Ablenkungen wahrscheinlich besonders offen sind. Alexa: »Du klingst so traurig, soll ich Dir einen Witz erzählen und Dir eine große Packung von Deiner Lieblings-Eiscreme und einen langen großen Löffel bestellen?«

Und schon sind wir in einem manipulativen Prozess, vor dem wir uns hüten sollten. Ich bin sicher, es wird sogar emotionale Abhängigkeiten geben. Einsame Menschen, die immer mit Alexa oder anderen Voice Assistants reden, bauen eine Beziehung auf. Und wenn sie dann einmal nichts bestellen und Alexa maulig wird … Aber Stopp, hierfür haben wir noch keinen Patentantrag gefunden!

Ich will dieses Kapitel mit der Warnung schließen, genau zu prüfen, wohin die Reise dieser Assistenten geht und was ihre Ziele sind. Wenn wir den Trick erkannt haben, dann sind wir vorbereitet und können entscheiden. Es sind immer noch wir, die bestimmen, wie wir die technischen Helfer der Zukunft nutzen. Drum herumkommen werden wir nicht, davon müssen wir ausgehen. Aber wir müssen das »Kleingedruckte« lesen – oder zumindest vorgelesen bekommen. Hier ist wieder die Gemeinschaft gefragt und gegenseitige Aufklärung, denn älteren Menschen müssen wir hier beispielsweise mit Rat und Warnung helfen.

Die spielerische Zukunft.

Wenn ich über die Zukunft rede, dann würde ein wichtiger Part fehlen, wenn ich nicht die Computerspielbranche beleuchten würde, über Virtual Reality schreibe und wie wir spielend diese Welt neu denken können.

Wir alle ahnen ja, dass sich da viel tut, ich will ein paar konkrete Zahlen liefern.

Der Markt der Computerspiele entwickelt sich rasant – auch durch den fast weltweiten Lockdown Anfang 2020. Es sind jetzt ca. 2,2 Milliarden Menschen, also mehr als ein Viertel der Weltbevölkerung, die Computerspiele spielen.[31] Die Spielebranche nahm 2018 weltweit etwa 135 Milliarden Dollar ein, das war dreimal so viel, wie an den Kinokassen der Welt bezahlt wurde.[32]

Und in Deutschland? Gibt es eine ähnlich dramatische Entwicklung. Denn 31,8 Millionen Menschen spielen aktiv, fast jede*r dritte Deutsche! Es sind zwar zwei Drittel männliche, aber immerhin ein Drittel weibliche Spieler*innen.

Und jung sind die auch nicht, über 40 Prozent der Spieler*innen sind älter als 35 Jahre.[33]

Also können wir mit vielen Vorurteilen gleich mal aufräumen. Auch das Vorurteil, dass eher in Haushalten mit einem niedrigen Einkommen gespielt wird, ist ... ein Vorurteil. Die Spieler*innen verteilen sich in Deutschland auf alle drei Einkommensklassen: 37,6 Prozent haben ein geringes, 35,4 Prozent ein mittleres und

31   www.fidor.de/blog/gaming
32   www.iwd.de/artikel/gaming-erzielt-umsaetze-in-milliardenhoehe-440882/
33   https://de.statista.com/outlook/203/137/videospiele/deutschland#market-age

27,3 Prozent ein hohes Einkommen. Computerspiele sind längst in der Mitte der Gesellschaft angekommen.[34]

Gaming nimmt eine immer wichtigere Rolle in unserer Zukunft ein. Schon jetzt gibt es weltweit immer mehr Spieler*innen im Bereich eSports, das sind in Ligen organisierte Wettkämpfe, die unter großer Zuschauerbeteiligung durchgeführt werden. So wie Fußball-WM, nur ohne Stadion, sondern mit Teams, die vor Computern sitzen und andere Teams besiegen, während viele Menschen den Wettkampf live verfolgen. Spiele wie Fortnite holen 250 Millionen Spieler*innen im Jahr 2019 vor die Bildschirme.[35] Fortnite ist ein Survivalspiel, bei dem sich online 100 reale Spielende auf einer virtuellen Insel treffen. Der oder die letzte Überlebende oder das letzte überlebende Team gewinnt. Im April 2020 trat inmitten der Spielewelt von Fortnite US-Rapper Travis Scott auf. 12,3 Millionen Spieler waren live dabei, als ein 100 Meter großer virtueller Travis-Scott-Avatar für zehn Minuten über die Insel lief und rappte. Alles tanzte, flog um Travis herum ... ein intensives Erlebnis. 55 Millionen Klicks auf YouTube folgten.

Viele aktive Spieler*innen, viel Umsatz. Kein Wunder, denn wenn wir etwas in der Zukunft wollen, dann sind es Erlebnisse, die uns berühren, bewegen, mitreißen und uns die Zeit im positiven Sinn vergessen

34 https://de.statista.com/outlook/203/137/videospiele/deutschland#market-arpu
35 www.mein-mmo.de/fortnite-spielerzahlen-2019-bekannt/

lassen. Noch besser als zuschauen ist, wenn man mitmacht. Überall spielen, das ist der aktuelle Trend, die Spieler*innen sind immer öfter auch mobil unterwegs. Nintendo hat mit der Switch, einer kleinen, tragbaren Spiele-Einheit, gezeigt, wohin die mobile Reise geht; Google versucht sich mit dem Dienst Stadia daran, die Konsole überflüssig zu machen, indem die Rechenleistung in Echtzeit in der Cloud und nicht mehr auf dem Endgerät, zum Beispiel Deinem Smartphone, stattfindet. Casual Gaming wird so überall und zwischendurch möglich. Mit dem 5G-Standard wird es dann noch einfacher, von überall zu spielen – auch im fahrenden autonomen Auto der Zukunft.

Die Ergänzung wird dann die Virtual Reality sein, zu der man heute noch klobige Brillen als Hardware braucht. Die nächste Generation kündigt sich aktuell schon an, die Hersteller arbeiten an leichten und coolen Brillen, morgen reichen dann vermutlich Kontaktlinsen, um in dreidimensionale Welten einzutauchen. Solche Spiele muss man mal erlebt haben, das kann man kaum beschreiben.

Ausgerechnet am 23. März 2020, in der dunklen Corona-Zeit, brachte Valve ein mit Spannung erwartetes Virtual-Reality-Spiel heraus: »Alyx« aus der Half-Life-Serie. Atemberaubend und immersiv, also in die Story hineinziehend. Mit Brille und Handschuhen betritt man eine gruselige und total reale Welt – ein Endzeitszenario, da fühlt man sich gleich zu Hause. Das Spiel beginnt auf dem Balkon eines Hauses mit einem weiten Blick auf eine utopische Stadt. Allein auf diesem Balkon kann man lange Zeit verbringen, denn man kann fast jeden Gegenstand aufnehmen, anschauen, wieder wegwerfen, man entdeckt irgendwo einen Stift in einer Schublade und malt erst mal etwas an die Wand. Alles geht – und fühlt sich so echt an, als würde man *wirklich* auf diesem Balkon stehen.

 Virtual Reality bekommt jetzt ihre große Chance. Gestern noch rumgeschubst und kaum ernst genommen, geht es jetzt los. Denn VR ermöglicht Erlebnis trotz Distanz. Wenn man nicht mehr auf reale Konzerte gehen darf, dann sucht man nach einem geeigneten Ersatz. Ich habe schon mit meiner VR-Brille Konzerte von Gregory Porter vom Sofa aus besucht, gegen eine kleine Gebühr ist man mitten in einem realen Konzert und kann sich neben Gregory auf die Bühne stellen oder dem Schlagzeuger direkt von Nahem zusehen. Schon faszinierend.

Die Einsatzmöglichkeiten sind vielfältig und trotz der bislang schleppenden Entwicklung gehe ich davon aus, dass VR unsere Zukunft stark verändert.

Besser lernen.
Schon jetzt werden die Brillen beim Einarbeiten in neue Aufgaben benutzt. Da kann ein*e Monteur*in vorab die nötigen Schritte in der Fertigung üben und lernen. Aber da geht noch mehr und der Bedarf an einem neuen Lernen ist groß.

Sebastian Thrun, einer der Vordenker im Silicon Valley, sagt in einem Interview mit dem *Handelsblatt Online* im April 2019:
»Wir werden angesichts des rasanten technologischen Wandels künftig mit einer einzigen Ausbildung im Leben nicht mehr

weiterkommen.«[36] So ist es: Es führt kein Weg mehr am lebenslangen Lernen vorbei.

Das alte Bildungskonzept ist an seine Grenzen gekommen, es ist zu starr, zu eindimensional ausgerichtet, zu praxisfern und zu langsam.
Wir müssen uns so viele neue Kenntnisse im Bereich der digitalen Transformation in eine neue Zeit aneignen, da muss das Lernen ab sofort flexibel und vielschichtig erfolgen. Lernen wird sich von der Vorgabe von Lehrplänen befreien. Es wird zur Ausbildung für das Leben im Leben – Ausbildung und Leben verschmelzen.
Beim Saunabesuch bekommen wir eine Einführung in die finnische Lebensweise, beim Wandern erklärt sich die Natur, und wenn wir einen Eisvogel sehen, bekommen wir interessantes Wissen über sein Leben vermittelt. Das Lernen wird revolutioniert, denn wir lernen dann in der Praxis und weniger in der Theorie. **Und wir müssen schnell, am besten sofort, parallel zum Anwendungsfall lernen, in Echtzeit. Das ist eine Chance, eine Tür, die sich endlich öffnet. Lernen, das Spaß macht. Lernen jetzt, immer und überall.**
Unsere Kinder können in der Zukunft durch Virtual Reality eine ganz neue Freude am Lernen erfahren. Sie werden in die Vergangenheit reisen können, historische Momente ganz nah vor Ort an ihren Schauplätzen erleben. In Rom dem Senat und Gaius Julius Cäsars Reden zuhören, dabei sein, wie Alexander von Humboldt auf seinen Reisen die Erde vermisst. In die Welt der Physik eintauchen und mit Erwin Schrödinger über seine Katze und seine Sicht der Quantenphysik diskutieren, statt all das aus Büchern zu

....

36   www.handelsblatt.com/technik/forschung-innovation/sebastian-thrun-deutscher-erfinder-des-google-autos-startet-bildungsinitiative-mit-bertelsmann/24255122.html

lernen. Und Thomas Alva Edison begleiten, wie er 1903 gemeinsam mit Ludwig Stollwerck eine »sprechende Schokolade« in Schallplattenform mit Tiefenschrift erfindet und dazu auch noch spezielle Phonographen, die diese besonderen Schallplatten aus Schokolade abspielten (der Aufziehmechanismus des Phonographen kam übrigens vom Uhrenhersteller Junghans.[37] Die Tonqualität war nicht so doll, aber immerhin konnte man die Schallplatte, wenn sie nervte, vernaschen[38]).

Durch diese Möglichkeiten wird das Lernen zu einem unvergesslichen, spielerischen Abenteuer.

VR in der Medizin.

Auch in der Medizin gibt es schon heute viele Anwendungen für Virtual Reality. So kann man durch eine VR-Brille das Sezieren von Leichen durch virtuelles Eintauchen in den Körper ersetzen. Student*innen können sich mit der Brille den Körper dreidimensional in seiner Struktur ansehen – nur das Skelett, mit Sehnen, dann mit Muskeln und so weiter. In der Medizin wird an virtuellen Patient*innen geübt – da kann man dann auch erst mal nichts falsch machen als angehende*r Chirurg*in oder Zahnmediziner*in.

VR wird helfen, Schmerzen zu bekämpfen, hier gibt es schon erfolgreiche Versuche, denn je tiefer man als Schmerz-Patient*in in die virtuelle Welt eintaucht, desto schwächer werden Schmerzen bewusst empfunden. Auch Phobien, so weisen Studien nach, können mit VR-Programmen behandelt werden. Patient*innen können sich beispielsweise in der Zukunft von ihrer Flug- oder

....

37   https://de.wikipedia.org/wiki/Thomas_Alva_Edison
38   www.edisontinfoil.com/stollwercks.htm

Höhenangst, aber auch von Panikstörungen oder Lampenfieber heilen lassen.

Auch in Behandlungsprozesse wird die Virtual Reality eingreifen. Es ist eher unwahrscheinlich, dass es in Zukunft noch überfüllte Arztpraxen geben wird, in denen ansteckende Patient*innen manchmal über Stunden darauf warten, wenige Minuten mit einer überarbeiteten Ärztin oder einem überarbeiteten Arzt in einem Raum zu sein. Die Telemedizin hat eine große Zukunft.

VR und Tourismus.

Durch die Welt reisen, ihre Schönheit entdecken – ohne Kerosin zu verbrauchen und ohne Reisestress. Hier müssten dringend kreative Erlebnis-Konzepte entwickelt werden, das haben wir schon vor Jahren der TUI empfohlen. Doch das war noch zu früh. Die Technik war noch nicht so weit und sie war teuer, das Reisen dagegen sehr günstig. Die Bereitschaft der Reisenden, von zu Hause aus in die Welt zu starten und dabei das Sofa nicht zu verlassen, war gering, wie mein Team und ich in Befragungen in den Metropolen herausgefunden haben. Die Zeiten ändern sich – und auch das Reisen muss sich wandeln. **Wir müssen weniger reisen, dafür aber bewusster CO$_2$ reduzieren und den Massentourismus beenden – das wäre eine gute Vision für die Zukunft.**

Dabei kann diese Entwicklung dazu führen, dass mehr Menschen den Mount Everest besteigen und das Lächeln der Mona Lisa im Louvre in Paris bestaunen können. Nur eben nicht in der realen, sondern in der virtuellen Welt. Das kann dem Tourismus auch endlich frische und neue Impulse geben, denn aktuell ist das Reisen doch wenig kreativ. Die neuen, virtuellen Reisekonzepte ermöglichen einfach … alles: Ein Spaziergang mit dem Dalai Lama am Fuße des Himalayas im Nordwesten Indiens. Ein Yogakurs auf dem Dach eines Hochhauses in New York um Mitternacht. Alles geht, und das auch mit Freund*innen, die dann neben uns stehen, wenn die Sonne über der afrikanischen Savanne aufgeht, und mit denen wir diesen Moment gemeinsam erleben können.

Und wenn Du jetzt sagst: »Ach, das ist doch nicht dasselbe, als wenn ich dort wirklich wäre!«, dann hast Du recht. Aber wenn wir an unsere älter werdende Gesellschaft denken und die vielen Älteren, die noch geistig fit und neugierig sind, die würden gern ohne physische Anstrengung um die Welt reisen, vielleicht auch begleitet von ihren Kindern oder Enkel*innen.

Dem Alltag entgehen, wieder Berge besteigen können, Abenteuer erleben! Reisen ist zudem teuer. Wer kann es sich leisten, den Vogelmarkt in Hongkong zu besuchen, in St. Andrew eine Runde Golf zu spielen oder am Barrier Reef mit Haien zu tauchen? Kaum bezahlbar in der realen Welt. Warum sollten wir also auf diese Erlebnisse verzichten, wenn sie in der virtuellen Welt möglich sein werden?

Spiel der Welten.

In der Zeit des Lockdowns haben wir auf einen Schlag gelernt, dass man auch mit den digitalen Möglichkeiten von zu Hause oder von jedem Ort aus arbeiten kann. Lange war diese Art zu arbeiten undenkbar für Unternehmenslenker*innen, die auf Kontrolle statt auf Vertrauen setzen. Und noch etwas haben wir gelernt: Wenn wir nicht aus dem Haus können, machen wir uns auf die Suche, auf andere Art der nötigen, aber lästigen »Gefangenschaft« zu entgehen. Der Spielemarkt profitiert von der

Pandemie. Es wird in der eh schon erfolgreichen Entwicklung immer weiter gehen, immer schneller. Wir werden in neue Welten eintauchen, in viele, parallel existierende Welten.

Vielleicht erinnerst Du Dich an die virtuelle Welt von Second Life? Sicher wird es nicht nur ein Leben in der Zukunft geben. Wir werden Welten erleben, in denen wir spielen können, so komplexe Spiele, dass sie uns intellektuell fordern und weiterbringen. Wir tauchen ein – in sehr komplexe Welten. Wir werden dort andere Menschen kennenlernen, gemeinsam Abenteuer erleben und neue Fähigkeiten erlernen. Gemeinsam werden wir dort an virtuellen Wettbewerben, virtuellen Konzerten teilnehmen. Es wird dabei auch nicht nur um den Wettbewerb der Mitspieler*innen untereinander gehen. Wir können auch in den Wettbewerb um die besten Ideen und Lösungen für die aktuellen Probleme unserer Zeit eintauchen.

Wir werden an riesigen, vielleicht durch die Wirtschaft hoch dotierten Think Tanks teilnehmen, um uns als Gemeinschaft Gedanken über die Zukunft zu machen und Probleme, wie die Herausforderungen des Klimawandels oder eines nachhaltigen Wirtschaftssystems, zu diskutieren und zu lösen. Ich sehe hier die Chance, dass wir gemeinsam, auf eine zugängliche und spielerische Weise – im besten Sinne basisdemokratisch – an unserer Zukunft arbeiten. So können wir vielleicht durch eine spielerische Herangehensweise auch die komplexen und ernsten Probleme lösen, die wir dringend lösen müssen, um eine gute, lebenswerte Zukunft zu haben.

Die neue Mobilität.

Mobilität ist ein spannendes Thema. Wie werden wir uns durch die Welt bewegen?

Mir geht es hier weniger um die Art des Antriebs. Ob Elektro oder Wasserstoff: Zunächst ist wichtig, dass der Antrieb zu 100 Prozent umweltgerecht ist. Das Ziel scheint erreichbar zu sein.

Ich finde eine andere visionäre Frage viel interessanter, denn sie hat große Auswirkungen auf die Art, wie wir leben werden. Wie lange wird es noch dauern, bis autonome Autos die ersten Innenstädte von Selbstfahrer*innen befreien? Da gibt es viel Skepsis und völlig unterschiedliche Prognosen. Ich will daher nicht nach vorn, sondern in die Gegenwart schauen. Was ist jetzt schon möglich? In den USA hat Waymo hier eine Vorreiterrolle. Waymo baut einen autonom fahrenden Taxidienst auf und gehört zum Alphabet-Inc.-Konzern (vormals Google LL.). Google hat bereits seit 2012 eine Genehmigung vom US-Bundesstaat Nevada zum Betrieb autonomer Autos auf öffentlichen Straßen. Anfangs musste zur Sicherheit noch ein Mensch hinter dem Lenkrad sitzen, um bei einer Fehlfunktion sofort eingreifen zu können. Das änderte sich jetzt, es muss niemand aus Fleisch und Blut mehr an Bord sein.

Auto Motor Sport online am 10.10.2019:[39]

»Nicht nur die schiere Größe der Fahrzeugflotte, sondern auch der Einsatz von Waymos Technologie im Alltag zeigt, dass man das selbstfahrende Auto auch unter Realbedingungen beherrscht. In Arizona ist seit 2017 ein Taxiservice mit Waymo-Fahrzeugen in Betrieb. 400 Passagiere werden nach Unternehmensangaben pro Tag von den fahrerlosen Vans an ihr Ziel gebracht. Über 20 000 Fahrgäste hat Waymo bislang gezählt. Und das nur in Arizona, einem einzigen

....

39   www.auto-motor-und-sport.de/tech-zukunft/waymo-autonome-autos-ohne-sicherheitsfahrer

US-Bundesstaat. Spätestens wenn das Geschäftsgebiet von Waymo auf andere Regionen ausgeweitet wird, dürften die fahrerlosen Autos von Waymo nicht mehr nur eine Spielerei sein, sondern eine feste Alternative in mehrschichtigen Verkehrssystemen. Dann wird es auch andere Anbieter geben. Der Vorsprung von Waymo dürfte aber ausreichen, die Marktführerschaft nachhaltig auszubauen.«

Es geht also los. Jetzt, nicht erst in vielen Jahren. Seit Ende 2019 fährt Waymo in Phoenix, Arizona, wirklich autonom, ohne Fahrer*innen, die aus Sicherheitsgründen mit im Wagen sitzen. Und am 7.10.2019 hat Waymo angekündigt, Los Angeles zu vermessen und dann mit dem selbstfahrenden Angebot zu starten. War Phoenix noch mit 1,6 Millionen Einwohner*innen eine überschaubare Aufgabe für die Technik, so ist Los Angeles mit 4 Millionen Einwohner*innen dann noch mal eine ganz andere Herausforderung.

Aber wie immer gilt: Wenn die Erfahrungen erst einmal gemacht wurden, gibt es eine schnelle Verbreitung der Technologie. Waymo will seine Hardware und die selbst entwickelte Software an ausgewählte Autozulieferer und -hersteller lizenzieren. Das wäre dann der Durchbruch. Dann werden die Städte entlastet.

Wenn wir das konsequent weiterdenken, werden die Städte der nahen Zukunft ganz anders aussehen als jetzt. Ich gehe davon aus, dass wir uns an »mobility as a service« gewöhnen werden, das heißt, man bucht ein selbstfahrendes Auto bei Bedarf zum Beispiel über eine App. So ändert sich auch der Bedarf, denn aktuell stehen unsere privaten Autos zu 95 Prozent der Zeit nur rum und rosten vor sich hin. Die Zukunft kennt kein stehendes Auto mehr. Die selbstfahrenden Autos gleiten ununterbrochen durch die Städte und bringen Menschen von den Außenbezirken in die Innenstadt oder aufs Land.

Keine Staus, keine Ampeln. Kein Lärm und keine Abgase. Die selbstfahrende Flotte rollt. Die neuen Autos werden die Straßen auch dank 5G perfekt nutzen können, mit sehr geringem Abstand zueinander. So werden bei Bedarf heutige zweispurige Straßen zu dreispurigen Straßen. Staus gibt es nicht mehr, weil die KI hinter der Steuerung immer weiß, welche Straßen belastet sind und welche Alternativen für den Transport gewählt werden können.

So ein bisschen kennen wir das ja auch schon – wie beim Beispiel von mir und meiner Frau im Auto – von Google Maps, das uns zeigt, wo ein Stau ist, und selbstständig eine Alternative vorschlägt, die man tunlichst immer annehmen sollte, wenn man ohne Verzögerung ans Ziel kommen will.

Wie steht es um die Sicherheit? Die WHO hat 2018 errechnet, dass jährlich etwa 1,53 Millionen Menschen durch Autounfälle sterben, davon über 95 Prozent durch menschliches Versagen. In Deutschland sind es aktuell etwa 3000 Verkehrstote jedes Jahr. Diese Quote wird sich durch selbstfahrende Autos dramatisch senken lassen.

Was wir über das Waymo-Taxisystem in Phoenix hören, ist, dass die Autos sehr konservativ und sehr vorsichtig durch die Straßen rollen und sofort stoppen, wenn ein Ball auf die Straße rollt. Um dann auszuweichen und gleich weiterzuleiten.

Die Städte werden keine Tankstellen, keine Parkplätze oder Parkhäuser mehr brauchen. Die wegfallenden Parkflächen können begrünt werden und die CO_2-Bilanz verbessern. Immobilien werden ganz neu bewertet werden müssen, denn wer mag heute eine Wohnung an einer befahrenen Hauptstraße erwerben? Aber morgen sieht es dort schon ganz anders aus. Autos summen leise, emissionsfrei und ohne anzuhalten durch die Wohngegenden. Die Hauptverkehrsstraße wird zum Boulevard. Die Lebensqualität steigt für die Mieter*innen und mit ihr der Wert der Wohnung.

Eine andere Entwicklung sollten wir auch andenken: Der Grüngürtel wird größer, da wir mit selbstfahrenden Autos schneller und auch viel entspannter in die Peripherie der Städte gelangen. In der Stadt arbeiten, aber auf dem Land wohnen? Das wird immer mehr zu einem machbaren Konzept, wenn zum einen die intensivere Nutzung der Option Home-Office die Anzahl der Pendler*innen reduziert und wenn zum anderen keine Staus zu den Peak-Zeiten zu erwarten sind, weil selbstfahrende Autos ja die Routen optimieren.

Auch der Tourismus wird sich dadurch sehr verändern. Morgen früh in Wien frühstücken? Mit einem selbstfahrenden Auto ist das denkbar. Einfach abends bestellen, einsteigen, sich ins Auto legen, vielleicht noch einen Film schauen, ein Glas Wein aus der eingebauten Minibar trinken und dann einschlafen. Morgens steigt man vor einem Wiener Café aus oder schaut sich das Schloss Schönbrunn an. Abends dann weiter nach Mailand? Kein Problem. Europa wird kleiner. Leidtragende sind die Hotels, denn es ist zu erwarten, dass einer der Vorteile der neuen Generation Autos der sein wird, dass man nicht mehr wie in einem Bus darin sitzen muss, sondern man kann arbeiten, Entertainment-Angebote nutzen, virtuelle Konferenzen abhalten, schlafen und was einem jetzt noch alles einfallen mag.

Der Tourismus erfährt dadurch noch einen Zuwachs, denn unsere Gesellschaft wird ja immer älter und immer mehr ältere Menschen wollen reisen – zu ihren Angehörigen, aber eben auch gern zu interessanten Spots. Bislang war Reisen eine Herausforderung für ältere Menschen. Allein die Situation am Flughafen war doch Stress pur. Das wird sich ändern, wenn die Reise entspannt vor der Haustür beginnt und überhaupt keinen Planungsaufwand mehr benötigt. Der Flugtourismus wird sich wandeln, wenn erst die selbstfahrenden Autos und dann auch die selbstfliegenden Autos kommen. Dann wird man sich nur noch für lange Flugstrecken zum Flughafen begeben. Per Flugtaxi vermutlich.

Auswirkungen auf den Tourismus.

Ein Problem ist – das sage ich auch bei meinen Vorträgen zum Thema Tourismus –, dass das Einzugsgebiet für Angebote in der Touristik zwar deutlich größer wird, da Menschen jetzt auch von weiter entfernten Orten zu den Angeboten kommen können. Aber gleichzeitig wird auch die Konkurrenz größer. Wir sind als Tourist*innen bereit, weitere Strecken zu fahren, da es eine entspannte Anreise ist. Aber wo geht die Reise hin? Nach Hamburg zur Elbphilharmonie, ja, aber Shoppen in Bielefeld? Eher nicht. Das Wellnesshotel muss sich also auf einen härteren Konkurrenzkampf möglichst schon heute vorbereiten und wirklich tolle Erlebnisse anbieten, sonst fährt das selbstfahrende Auto an diesem Hotel nur vorbei – ohne anzuhalten.

Die Automobilindustrie spielt in der von mir skizzierten Zukunft eine eher untergeordnete Rolle. Zum einen wird das selbstfahrende Auto der Zukunft ganz anders gebaut werden. Stoßstangen? Wozu? Starkes Blech und Scheinwerfer? Wozu? Die Autos werden geräumige, bequeme Glaskästen sein, optimiert in Gewicht und Ausstattung auf die neuen Anforderungen. Wir haben eine Studie eines kanadischen Designstudios gesehen, die hier noch weiter geht – hier sind die Autos rollende Hotelzimmer, die vor den Städten an Hotels angeschlossen werden. Sie docken an den fest gebauten Teil an, die Tür öffnet sich und man geht ins Bad des Hotels oder schwimmt eine Runde, um dann in eine andere rollende Suite wieder einzusteigen und weitergefahren zu werden.

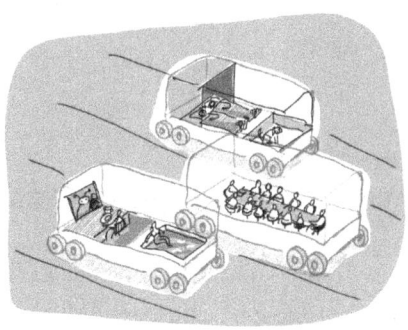

Die Autos werden anders, viel standardisierter gebaut werden können, da es kaum individuelle Varianten geben wird. »Mobility as a service« braucht keine privaten Autos mehr. Und wenn wir heute, wie schon beschrieben, unsere Autos nur zu einem Zehntel der Zeit nutzen, brauchen wir auch weniger Autos. Denn ununterbrochen fahrende, vor den Städten gewartete Autos nehmen den Fahrbedarf auf. Statt zehn Autos, von denen jedes aktuell nur zehn Prozent der Zeit fährt, brauche ich in der Zukunft rechnerisch nur ein Auto, das aber zu 100 Prozent fährt. Ich weiß, was Du sagen willst, das ist ja noch die totale Theorie, und Du hast recht. Viele neue Fragen, aber noch kaum neue Antworten. Und wo bleibt eigentlich der Fahrspaß? Na, das wird ein privates Vergnügen, man wird in abgesperrten Bereichen seinen geliebten Oldtimer oder seinen Verbrennungsboliden auch noch ab und zu mal fahren dürfen, aber unter Auflagen.

Ich freue mich auf die Zeit, in der das Auto einen ganz neuen Sinn bekommt und alle Menschen, auch ältere, gehandicapte, benachteiligte, mobil werden. In der die Städte sich herausputzen und die Natur der Peripherie besser und schneller erreichbar ist. In der wir keine Zeit hinter dem Steuer verschwenden, sondern unseren Geist auf die Reise schicken, aus dem Fenster schauen oder lesen, während der Körper sicher dem Ziel entgegengleitet.

Leben in den Metropolen.
Wie sich unsere Lebensräume verändern.

Wie werden wir wohnen und leben? In der Zukunft wird sich der Run auf die Metropolen fortsetzen. Allerdings führen eine deutlich entspanntere Infrastruktur, schnelle Bahnverbindungen, autonom fahrende Autos und E-Bikes dazu, dass der Verkehrskollaps ausfällt und die Städte wohnlicher werden. Wie wir in der Lockdown-Phase im Frühjahr 2020 gesehen haben, müssen wir nicht jeden Tag als Pendler*innen ärgerliche Zeit im Stau verbringen und dann nach einem Parkplatz suchen. Wir arbeiten flexibler. Büroflächen in den Innenstädten werden frei – und weichen neuen kombinierten Wohn-Arbeits-Konzepten.

Wie können die aussehen? Entwickeln wir doch eine Vision dazu. Es gibt viele gedankliche Ansätze zum Wohnen der Zukunft. Ich möchte einige wahrscheinliche Entwicklungen beschreiben.

Von asiatischen Monopolen wie Tokio wissen wir, dass eine Optimierung des Wohnraums ansteht. Man kann mit weniger Raum auch sehr gut auskommen. Das muss nicht so weit gehen wie die Capsule-Hotels, die einzelne Schlafröhren zur Übernachtung vermieten. Als Wohnraum undenkbar, aber brauchen wir diese großen Wohnungen, in denen wir allein in unseren Wohnzimmern sitzen? In denen jede Wohnung eine Küche hat? Wozu das? Können wir nicht gemeinsam kochen, uns im öffentlichen Raum oder bei Freund*innen treffen, sodass nicht jede Wohnung diesen Platz anbieten muss? Wir haben diesen Fehler schon einmal bei den Autos gemacht, morgens im Stau sehen wir in der Regel pro Auto genau eine Person im Innern.

Die Lust an neuen Konzepten wächst. Die Tiny-House-Bewegung hat das gezeigt. Sie nimmt ihren Anfang in den USA und ist eine zeitgemäße Idee. Wohnen muss nicht dem »bigger is better« folgen.

In den USA beispielsweise stieg die durchschnittliche Wohnfläche von Einfamilienhäusern von 165 m² im Jahre 1978 auf 230,3 m² im Jahre 2007.[40]

Die Tiny Houses sind ein Gegenentwurf. Man kann nachhaltiger und bewusster wohnen, wenn man den Raum beschränkt. Zwar spart man durch weniger benötigte Energie auch Kosten, es ist aber auch ein Ausdruck einer Haltung des vernünftigen Downsizings, gegen Wohnraum als Statussymbol.

Schon wieder eine interessante neue Frage – wie viel Raum brauche ich eigentlich wirklich zum Wohnen? Der Fokus liegt in der Zukunft nicht mehr auf dem Viele-Zimmer-Konzept. Das ist in den wachsenden Metropolen nicht mehr zu finanzieren, denn wo die Nachfrage steigt, steigen die Preise. Um den Raum bezahlbar

....
40   https://de.wikipedia.org/wiki/Tiny_House_Movement

zu machen, muss man den Wohnbedarf an das Angebot anpassen. Nicht wenige Wohnungen für wenige privilegierte Hausbesitzer*innen, sondern viele, kleinere Wohneinheiten, die finanzierbar sind und den Austausch fördern. So werden wir uns beschränken müssen und den Wohnraum mehr auf das Wesentliche reduzieren. Ein Schlafzimmer, vielleicht noch ein Bad und WC. Viel mehr brauchen wir doch eigentlich nicht? Das Wohnen findet dann auch immer weniger in der Wohnung statt.

Stadtplaner schätzen, dass wir zu einem Drittel im privaten Raum wohnen werden, ein Drittel dem gemeinsamen Wohnen mit dem Umfeld gewidmet sein wird und wir ein Drittel im öffentlichen Raum leben, dort trifft man sich zu kulturellen Events oder zum Austausch im Park.

Wir können uns in das private Wohn-Drittel zurückziehen, vermutlich werden wir auch ohne Probleme auf Raum verzichten können. Aus dem Schlafzimmer wird durch ein paar Handgriffe ein Arbeitszimmer.

Wir müssen uns auch fragen, ob das Wohnzimmer nicht ausgedient hat, es war schon in den vergangenen Jahrzehnten nicht mehr kommunikativ, oft lief hier der Fernseher. Gesprochen wurde am Esstisch. Die Kommunikation, die mit den sozialen Medien digitaler wurde, kommt zurück. Menschen treffen sich, wollen gemeinsam Nachdenken und die Zukunft gestalten, sie verbringen Zeit miteinander. Das muss aber doch nicht nur in der eigenen Wohnhöhle passieren, sondern an gemeinsamen Plätzen, die sich mehrere Wohneinheiten teilen – zum Beispiel einer gemeinsam genutzten Küche. Hier kommt man zum Kochen und Essen und Diskutieren zusammen. Das ist das zweite Drittel, das gemeinsame Wohnen. Die schon erwähnte erweiterte Neo-Familie lebt viel enger zusammen. Ältere Menschen treffen auf Kinder, die sie betreuen, während die Eltern im Home-Office oder Büro arbeiten.

Alle unterstützen sich gegenseitig und nutzen gemeinsam den Raum des zweiten Drittels.

Das dritte Drittel findet draußen statt. Im öffentlichen Raum, in Parks und auf öffentlichen Plätzen. Und die Arbeit? Findet, wenn sie denn digital erledigt werden kann, in Office-Spaces und in alleiniger Verantwortung schlicht überall statt. Also arbeiten wir mit einem Laptop oder Tablet auf dem Schoß da, wo wir es geeignet finden. Auf dem Balkon des Freundes oder der Freundin. Auf der Parkbank mit Blick auf den See. Im Café oder in einem Buchladen mitten in der Stadt. In einem autonom fahrenden Auto auf dem Weg zu einem Kunden.

Zum Präsenzteil der Arbeit können wir uns je nach Übereinkunft mit dem Unternehmen in Co-Working-Spaces treffen, die über die Stadt verteilt sind. Wenn man sich in größerer Runde besprechen will, mietet man noch kurzfristig einen Konferenzraum dazu. Wenn mehr Menschen in den Städten wohnen wollen, dann brauchen wir mehr Platz. Das wird gelingen, wenn wir den bestehenden Raum besser nutzen, zum Beispiel durch den beschriebenen Trend zu kleineren Wohneinheiten, die funktional optimiert sind.

Die Städte werden aufgeräumt.

Hinzu kommt, dass Platz geschaffen wird, denn durch die kommenden Entwicklungen fallen viele Angebote der Städte weg. Die Büroflächen werden durch die Verlagerung der Arbeit in den Home-Office-Bereich reduziert. Die Malls und Shopping-viertel werden durch den immer perfekteren E-Commerce angegriffen und müssen sich mit neuen Konzepten wehren. Auch die Malls hatten ihre Chance, haben aber, statt auf Erlebnis zu setzen, immer wieder die gleichen Shops kombiniert, sodass sie in aller Welt sehr ähnlich aussehen, was zu weniger Nachfrage und besonders in den USA zu einem Mall-Sterben geführt hat. Jetzt findet eine Konzentration statt. Vielleicht gibt es als Folge dieses Elefanten-Sterbens auch wieder neue Chancen für den kreativen Einzelhandel!

Die durch die autonomen Autos überflüssigen Parkräume, Garagen, Tankstellen, Autohäuser, Werkstätten werden ebenfalls im Laufe der kommenden Jahre Schritt für Schritt verschwinden. Wenn wir diese Vision sehr optimistisch anlegen wollen, entfallen auch noch manche Krankenhäuser, weil die Medizin sich stärker auf die Prävention und Gesunderhaltung konzentriert. Hotels wird es weniger geben, wenn rollende Hotelzimmer autonom über die Straßen gleiten.

Auch Verwaltungsraum fällt weg, weil die Verwaltung zu einem immer höheren Maße digitalisiert wird und ins Netz wandert. E-Government ist das Stichwort. Gemeint ist, dass die Blockchain die Verwaltung revolutioniert, erste Tests zeigen, dass zum Beispiel Grundbuchämter durch Blockchain-Systeme unterstützt, wenn nicht ersetzt werden können.

Viele Angebote, die Raum benötigt haben, verschwinden langsam, neue, flexible Angebote testen den frei werdenden Raum. Das wird im idealen Szenario die Städte noch einmal begehrenswerter machen, denn hier kann jetzt mitten in der Stadt Raum für Begegnungen geplant werden. Ein Micro-Living-System mit vielen kleineren Wohnungen macht den Wohnraum bezahlbar. Es gibt eine lebendige Nachbarschaft und alle Angebote sind mit dem E-Bike zu erreichen. Dieses neue Konzept des Zusammenlebens würde sogar einen Teil der Altenheime und Kindergärten überflüssig machen, die Generationen kommen wieder zusammen, die Einsamkeit, die aktuell ja durchaus ein Problem ist, wird so bekämpft (der Anteil der Single-Haushalte liegt laut dem Statistischen Bundesamt 2019 bei 41 Prozent, in Hamburg sind es sogar 54 Prozent)[41].

Weitere Angebote werden mit dem Wohnen verwoben. Restaurants und Küchen nehmen einen großen Teil des öffentlichen Raums ein, da die Ernährung immer wichtiger wird. Das Essen wird immer stärker zum Erlebnis und Fixpunkt. Die Städte setzen wieder stärker auf die Versorgung durch Lebensmittel aus dem regionalen Umfeld.

Kunst und Kultur brauchen und bekommen viel neuen Raum, denn in einer Zukunft, in der wir weniger arbeiten müssen und mehr Zeit haben, entsteht ein ganz neues Bewusstsein für inspirierende Kunst und Kultur, die Nachfrage nach Künstlern, Events und Kreativität wird exponentiell steigen.

Fitness, Sport und Gesundheitserhaltung sind eng in ein solches Wohn-Lebens-System integriert. Lernen als ständiges, breites Angebot bietet das an, was in der Zukunft gefragt ist: persönliches Coaching, Yoga, Meditation, spirituelle Angebote, praktische Lifehacks und immer wieder neue Diskussionen zu den vielen Herausforderungen der Zukunft.

....
41   https://bit.ly/39RR612

Auch der Austausch zwischen den Metropolen wird zunehmen – durch einen hohen Teil variabler Gästewohnungen für mobile Nomad*innen sind auch Besucher*innen aus aller Welt willkommen. Die Städte selbst werden natürlich 100 Prozent nachhaltig und CO_2-neutral sein, sehr viel grüner und viel energieeffizienter. Ich mag das Konzept des Urban Gardenings: Die Gärten kommen wieder zurück in die Städte, alle Flächen, auch vertikale, werden auf Begrünungs-Optionen geprüft. Gut für die eigene Versorgung mit frischen Lebensmitteln, gut gegen den Klimawandel.

Ja, das ist eine positive Vision, was meinst Du, liebe*r Leser*in? Die Städte und das Wohnen in den Städten verändern sich. Sie werden grün und umweltgerecht umgebaut. Es wird vielfältiger, bunter, abwechslungsreicher. Es gibt weniger Büroraum, weniger Pendelverkehr, weniger Autos und Parkflächen und auch weniger individuellen Wohnraum. Doch dafür mehr Lebensqualität, mehr Kunst und Kultur. Die Wohn- und Lebensqualität von uns allen wird in Zukunft beträchtlich steigen.

Meine Vision zu einem neuen Kompetenzfeld.

Ich bin zuversichtlich, dass wir eine gute Zukunft vor uns haben. Klar, Du hast in all den Kapiteln auch viele kritische Anmerkungen zur Zukunft von mir gehört. Aber ich bin überzeugt, es gibt einen guten Weg in die Zukunft, positive Visionen können wir jetzt schon alle mal gemeinsam formulieren. Wir wissen in etwa, wie Zukunft geht.

Was kann aber unser Kompetenzfeld der Zukunft für uns in Deutschland sein? Worin sind wir besonders gut? Das Thema

Elektromobilität haben wir offensichtlich und sehenden Auges verpasst. Bei der Künstlichen Intelligenz, na ja, da stehen wir nicht gerade in der ersten Reihe.

Was bleibt? Wir könnten uns noch auf der mechanischen Seite der digitalen Revolution einbringen, in der Entwicklung der Robotik. Denn Maschinen können wir hervorragend herstellen. Feinmechanik, bewegte Teile. Allerdings kauft China auch hier auf, was der Markt hergibt: China übernahm 2016 den deutschen Roboterbauer Kuka für 4,7 Milliarden Euro. Das kann man kritisch sehen, aber auch positiv: Die Nachfrage durch China zeigt, dass wir ein überzeugendes Angebot haben. Made in Germany in der Zukunft ist, wenn wir auf Ingenieurskunst und Maschinenbau setzen.

Aber vielleicht gibt es eine neue Stärke? Ich schlage vor:

Thought in Germany!
Was hat es damit auf sich? Die zentrale Frage der Zukunft wird die folgende sein: Was fangen wir mit all der gewonnenen Zeit an, die uns die immer höhere Produktivität und die Automatisierung der Arbeit bringt? Zumal wir noch lange und gesund leben werden, die Lebenserwartung steigt immer mehr.

Wie werden wir die Zeit möglichst sinnvoll füllen wollen, wenn die Arbeitszeit am Tag auf wenige Stunden beschränkt ist?

Wir werden viel reisen und neue Fähigkeiten erlernen. Bewusster und nachhaltiger konsumieren. Uns mit der Ernährung und unserer Gesundheit beschäftigen. Dann wird das soziale Miteinander viel wichtiger und wir werden Zeit haben, uns mehr umeinander zu kümmern, miteinander zu reden. Auch das Spielen ist eine Option, aber das wird uns natürlich nur beschäftigen, nicht wirklich ausfüllen, selbst wenn ich davon ausgehe, dass das digitale Spiel der Zukunft immer komplexer, intelligenter und fordernder wird.

Reicht also alles nicht, zumal auch deutlich wird, dass als Folge der neuen Nachdenklichkeit ein großer Hunger nach Tiefe besteht, der gestillt werden muss.

Unsere Herausforderung ist, die Zeit *sinnvoll* zu füllen. Und hier öffnet sich eine Chance. Gesucht werden dann gute Ideen, anregende Gedanken, alles, was den Geist herausfordert. Das ist mit anderen Worten Kunst und Kultur – Poesie, Musik, Dichtung, Literatur, Malerei, Bildhauerei, Architektur. Philosophische Fragen, die Suche nach Glück, Sinn, Zufriedenheit, die Suche nach besseren Wegen, miteinander zu leben … einfach alles, was den Intellekt, der sich immer schneller entwickelt und immer mehr gefordert wird, füttert.

Was für eine Chance für uns alle! Denn wer wird diesen neuen Content liefern? Als ehemals starkes Land der Dichter*innen und Denker*innen könnten wir uns genau hier positionieren. Wir haben ein starkes Fundament des Denkens mit Heine, Brecht, Goethe, Herder, Droste-Hülshoff, Beethoven, Kleist, Lasker-Schüler, Lessing, Rilke, Schiller, Storm, Tucholsky und vielen anderen Dichter*innen und Denker*innen.

Das könnte unsere Kompetenz sein, diese Stärke sollten wir neu entdecken und gezielt und fundamental fördern, dann gibt es viel, was man unter dem Label »Thought in Germany« exportieren kann.

Das Silicon Valley ist brillant, wenn es um Programmierung geht. Aber wo steckt dort die Kreativität? Facebook ist einfach eine Plattform, um Menschen zusammenzubringen. Nicht wirklich revolutionär, oder? Amazon verkauft Waren, wie jeder Versandhandel vorher auch, kreativ war nur die Nutzung der technischen Möglichkeiten. Ob Apple aktuell noch den Status quo verändert, wie Simon Sinek in seinem Beispiel beschrieben hat, auch da habe ich Zweifel. Es geht in der digitalen Welt um technische Umsetzungen. Viel wichtiger aber wird in der Zukunft das kreative Angebot.

So kann unser neuer Exportschlager ganz woanders liegen als im Bereich des wirtschaftlichen Wachstums. Zum Beispiel beim intellektuellen Wachstum.

Es entstehen so viele neue Fragen, da braucht man inspirierende Denker*innen, die sie beantworten. Warum setzen wir hier nicht den Fokus?

Das fordert dann ein konsequentes Investment. Zum Beispiel in die Ausbildung unserer Kinder. Wir sollten sie in Dingen wie Einfühlungsvermögen und emotionaler Wärme schulen, ihnen Verständnis und Lust an Kunst und Kultur vermitteln. Und nicht nur die Kinder und Jugendlichen sollten eintauchen in die Entwicklung eines kreativen Denkens, alle Generationen sind gefragt, insbesondere die älteren Menschen, die hier ein neues Feld einer sinnvollen Zeitverwendung finden.

Wir sollten Kunst- und Kulturschaffende aus aller Welt zu uns einladen, denn nur mit Impulsen aus möglichst unterschiedlichen gedanklichen Ansätzen können wir neue, blaue Ozeane des Denkens schaffen.

Durch Kunst und Kreativität entwickelt sich dann auch genug Innovationskraft für all die anderen Aufgaben, die noch angegangen werden müssen. Das ist der Plan: Gemeinsam denken. Sehen, was kommt. Dann sind wir vorbereitet und wissen, was zu tun ist. So geht Zukunft.

Zum guten Schluss: Meine Impulse in der Übersicht.

Fast geschafft. Ich möchte einige meiner wichtigsten Gedanken und Impulse dieses Buches kompakt in einigen Punkten zusammenfassen.

(Achtung, wenn Du Von-hinten-nach-vorn-Leser*in bist: Das sind hier nur einige Auszüge. Um tiefer einzusteigen, solltest Du von vorn beginnen!)

Also los, so geht Zukunft:

Du kannst in Deine Zukunft sehen. Raus aus der Filterblase und rein in Deine persönliche Zukunftsforschung. Suche die Hinweise und schwachen Signale im Netz und Du *ahnst*, was kommt. Schau noch genauer hin und Du *weißt*, was kommt.

Bereite Dich vor und packe einen Rucksack mit den richtigen Einstellungen und allem, was es Dir möglich macht, flexibel auf die Herausforderungen der Zukunft zu reagieren. Stell ihn als Safetybag neben die Tür und überprüfe regelmäßig seinen Inhalt.

Vor uns liegt eine spannende Zeit der Unsicherheit. Unsicher ist das neue Sicher. Doch wenn wir das akzeptieren, können wir die Unsicherheit als eine Chance nutzen und Zukunft wagen. Mit der Zeit lernen wir, von Eisscholle zu Eisscholle zu springen, bis das Eis wieder dicker wird.

Ein wichtiger Schritt ist es, die alten Konzepte (Tag zwei), die uns falsche Sicherheit vorgaukeln, klar zu erkennen und sie zu benennen. Dann können wir gleich damit loslegen, sie zu erneuern.

Mach Dir keine Illusionen, das wird anstrengend. Urlaub ist erst mal gestrichen. Wir haben gleich mehrere Krisen vor dem Bug. Wir müssen alle Bereiche unseres Lebens auf den Prüfstand stellen und für die neue Zeit ganz neue Antworten finden. Egal, es sind Chancen, wir müssen das Potenzial für eine Veränderung zum Guten in ihnen erkennen.

Du solltest jetzt zum Allrounder werden. Du kannst wirklich alles, was jetzt gebraucht wird, wenn Du es nur ausprobierst. Die Reise beginnt mit dem ersten Schritt und der heißt: Selbstvertrauen in Deine Kraft.

Ein Hammer reicht nicht. Du brauchst einen gut gefüllten digitalen Werkzeugkasten. Greife endlich rein, er macht Dich zum oder zur mächtigen Gestalter*in und spart Dir Zeit.

Die Arbeit wird sich verändern. Wenn eh alles in Bewegung kommt, bist Du gut beraten, rechtzeitig einen Plan zu haben.

Wie und was willst Du machen? Deine Arbeit sollte sinnvoll sein und Dich und uns alle weiterbringen.

Du brauchst eine gute Gemeinschaft für diese Reise. Im Rudel bist Du stark. Eine Gruppe, die sich gegenseitig unterstützt und die nicht nur aus den gleichen Typen mit den gleichen Fähigkeiten besteht. Bilde eine diverse, vielfältige, bunte Gemeinschaft für den Weg in die Zukunft. Dann macht die Reise mehr Spaß und Ihr werdet alle Aufgaben und Herausforderungen lösen können.

Nutze die Möglichkeiten der Digitalisierung und organisiere Dich, so gut es geht, vereinfache die unwichtigen Entscheidungen, denn Du brauchst Deine Kraft für wichtige Entscheidungen (was Du morgen anziehst, gehört nicht dazu).

Achte auf Deine Gesundheit. Prävention ermöglicht es Dir, lange gesund zu bleiben. Dazu musst Du Dich auf eine ganz andere, datenbasierte Medizin einlassen. Aber der Lohn ist ein gesundes, langes Leben, denn sehr wahrscheinlich werden viele Krankheiten besiegt werden und Deine Lebenserwartung steigt noch deutlich an.

Dinkelbrötchen oder Sahnetörtchen? Achte auf Deine Ernährung, hier ist die aktuelle Lernkurve sehr steil. Es gilt auch morgen und in Zukunft der Grundsatz: Du bist, was Du isst. Daher informiere Dich, was hier geschieht und was auf Deinem Teller landet.

Neben Deiner körperlichen Gesundheit gibt es ein ebenso wichtiges Feld, dem Du Dich widmen solltest: Deine mentale Gesundheit.

Da laufen wir alle noch ziemlich tapsig auf dem Spielfeld rum und brauchen Rat. Einer ist: Steigere Deine Resilienz.

Auf lange Sicht wirst Du Deine Fähigkeiten immer mehr steigern können. Du wirst Dich rundum optimieren können. Musst Du nicht, kannst Du aber: besser denken, konzentrierter arbeiten, Sinne erweitern, körperlich fitter werden.

Du kannst Dich schon mal auf eine Zeit der Nachdenklichkeit einstellen, denn wir werden überprüfen, wofür wir unsere Lebenszeit investieren. Materieller Reichtum ist sicher nicht das Ziel. In der Zukunft geht es viel stärker um immaterielle Aspekte wie Glück, Zufriedenheit, Ausgeglichenheit. Was ist Dir wichtig?

Die Gesellschaft driftet auseinander, in zukunftsgläubige Pionier*innen und kompromisssuchende Bewahrer*innen. Das kann schiefgehen, wenn wir die beiden Seiten nicht zueinanderbringen. Du bist der Leim, hilf, beide Seiten zu versöhnen, indem Du zuhörst und vermittelst.

Alle Bereiche des Lebens werden letztlich die Warum-Fragen beantworten müssen. Du willst morgen wissen, welchen Mehrwert ein Unternehmen, ein Produkt oder eine Dienstleistung für eine etwas bessere Welt bietet. Sollte da keine Antwort kommen, bist Du nicht interessiert.

Das Fundament allen Handelns in der Zukunft ist Nachhaltigkeit. Wer hier keinen Beitrag leistet, fliegt raus und darf erst wieder mitspielen, wenn sie oder er begriffen hat, worum es beim Klimawandel geht und wie sie oder er sich einbringen will.

Ein starker Player ist die Generation Z. Die Jugendlichen haben die Chance, die Veränderungen zu beschleunigen. Wir sollten zuhören, offen sein und mit ihnen an der Zukunft arbeiten. Und nicht gegen sie.

In den Rucksack für Deine Reise in die Zukunft gehören starke Werte. Du solltest ein solides Set für die Zukunft zusammenstellen. Ich empfehle Ehrlichkeit, Vertrauen, Mut und Empathie, das ist aber nur eine erste Auswahl und Du hast sicher viel bessere Vorschläge.

Künstliche Intelligenz ist etwas Gutes, wenn wir sie im Zaum halten können und sie uns nicht über den Kopf wächst, sprich eigenständig zu denken anfängt. Wenn sie kontrollierbar bleibt, macht sie unser Leben sehr viel besser.

Die Arbeit wird automatisiert und an schlaue Algorithmen delegiert. Auch die Denkarbeit reduziert sich. Das ist gar nicht schlecht, dann können wir die freien Kapazitäten zum Beispiel für Kunst, Kultur und Kreativität einsetzen.

Die Zukunft wird spielerisch und Du bist mit dabei. Du kannst durch Virtual Reality, also mit einer Brille auf der Nase, in neue Welten eintauchen, such Dir aus, in welcher Welt Du heute Abend ein Stündchen verbringst. Mit Freund*innen an einem Strand in der Südsee oder im Plausch mit einer Meditationslehrkraft auf dem Dach der Welt.

Virtual Reality wird Dir ermöglichen, viele neue Fähigkeiten spielerisch und mit viel Spaß zu erlernen, Bildung wird sich verändern.

Vergiss die Parkplatzsuche. Die Zukunft der Mobilität ist der autonome Verkehr. Ohne Stress und die Umwelt zu belasten, in jedem Alter mobil sein und die Welt bereisen – das ist die positive Vision.

Leben wirst Du in großen Metropolen, die nicht mehr unpersönlich und voller Beton sind. Die Städte werden grün sein, aufgeräumt und auf ein gutes Zusammenleben ausgerichtet. Kleinere, bezahlbare Wohnungen, dafür mehr Gemeinschaft in der Neo-Familie und viel öffentlicher Raum, der vor Angeboten nur so strotzt.

Stürze Dich auf Kunst, Kultur und Kreativität. Entwickle positive Visionen einer künftigen Gesellschaft und Deiner Zukunft und hilf mit, sie umzusetzen!

Das sind meine Impulse für Dich! Du entscheidest heute, wie Du morgen leben wirst. Viel Erfolg und viele gute Entscheidungen!

Ich sage Danke.

Dieses Buch musste schnell geschrieben werden, damit es frisch und aktuell in Deinen Händen landet. Und es wurde schnell geschrieben. Bei so einem anstrengenden Ritt müssen alle zusammenhalten, besonders mein Lektor Roland Rödermund und das Team bei Edel Books: Stefan Weikert, Svetlana Romantschuk, Constanze Gölz und Lisa Ebelt waren gefragt. Vielen Dank für Euren Einsatz und danke an Dr. Olaf Conrad, der das Projekt erst möglich machte.

An erster Stelle in meinem Herzen kommt natürlich meine Familie.

Wir haben das Glück, seit fast zehn Jahren vor den Toren Hamburgs eine Ferienwohnung an einem See gemietet zu haben. Hier kann man schwimmen, Rad fahren, wandern, grillen, in der Sonne liegen – wenn man nicht gerade ein Buch schreiben muss. Wenn man aber ein Buch schreiben muss, dann braucht man Kinder, die Verständnis aufbringen und Papi mal arbeiten lassen. Dafür danke Lea und Lenny. Lea, ein besonderes Dankeschön für Deine Kapitelillustrationen, die Mitarbeit an der Stelle über Billie Eilish, das viele Korrekturlesen und die hammerharten Anweisungen, was ich anders schreiben sollte.

Lenny, ich danke Dir, dass Du mir das gute Gefühl gegeben hast, trotz unseres Urlaubs, ohne ein allzu schlechtes Gewissen, an dem Buch arbeiten zu können.

Den größten Dank möchte ich Dir aussprechen, Tania, meiner Frau und großen Liebe, die mich maximal unterstützt hat. Mit Geduld, Nachsicht, Korrekturlesen und der Gestaltung des Covers.

Danke an meinen Mitstreiter Dennis Ullner, der im Gamingkapitel mitrecherchierte, und an Christian Monzel, meinen langjährigen Geschäftspartner und Freund.

Und auch Dir, liebe*r Leser*in, danke ich. Für das Interesse an meinen Gedanken. Ich hoffe, Du verzeihst, dass ich nicht in jede Ecke leuchten konnte, die Dich vielleicht noch interessiert.

Wir können gern in Kontakt bleiben – auf LinkedIn, da kannst Du Dich mit mir verbinden. Oder Du schreibst mal eine Mail, wenn Du eine Frage hast: ol@see-more.org. Wenn Du magst, höre auch in meinen Podcast rein, der heißt *Zukunft, Trends und Strategien* und ist auf iTunes und Spotify zu finden. Vielleicht treffen wir uns ja auch einmal bei einem meiner Zukunfts-Vorträge. Also wenn Du magst, melde Dich.
    Viel Erfolg auf Deinem Weg in die Zukunft!

Anhang: Anregungen zum Weiterlesen

Literatur

Blom, Philipp, *Was auf dem Spiel steht*, Carl Hanser Verlag 2017

Bregman, Rutger: *Im Grunde gut: Eine neue Geschichte der Menschheit*, Rowohlt 2020

Bregman, Rutger: *Utopien für Realisten: Die Zeit ist reif für die 15-Stunden-Woche, offene Grenzen und das bedingungslose Grundeinkommen*, Rowohlt Taschenbuch 2019

Grünewald, Stephan: *Wie tickt Deutschland? Psychologie einer aufgewühlten Gesellschaft*, Kiepenheuer & Witsch 2019

Harari, Yuval Noah: *Homo Deus: Eine Geschichte von Morgen*, C. H. Beck 2018

Harari, Yuval Noah: *21 Lektionen für das 21. Jahrhundert*, C. H. Beck 2019

Hüther, Gerald: *Wie aus Stress Gefühle werden. Betrachtungen eines Hirnforschers*, Vandenhoeck & Ruprecht 2012

Indset, Anders: *Quantenwirtschaft: Was kommt nach der Digitalisierung?*, Econ Verlag 2019

Kim, W. Chan, und Mauborgne, Renée: *Der Blaue Ozean als Strategie: Wie man neue Märkte schafft, wo es keine Konkurrenz gibt*, Carl Hanser Verlag 2005

Lobo, Sascha: *Realitätsschock: Zehn Lehren aus der Gegenwart*, Kiepenheuer & Witsch 2019

Popcorn, Faith: *The Popcorn Report: Faith Popcorn on the Future of Your Company, Your World, Your Life*, Doubleday 1991

Schumpeter, Joseph Alois: *Kapitalismus, Sozialismus und Demokratie*, UTB – Francke Verlag 1993

Storr, Will: *Selfie: How the West Became Self-Obsessed*, Picador 2018

Online

https://de.wikipedia.org/wiki/TUI#Geschichte

www.rp-online.de/bestsellerautor-gruenewald-hat-ein-neues-werk-vorgelegt-vorsicht-vor-machos-und-schosshunden_aid-37414443

www.tagesspiegel.de/politik/klimawandel-forschung-pariser-klima-ziel-schon-jetzt-nicht-mehr-erreichbar/25032182.html

www.esa.int/Space_in_Member_States/Austria/Weniger_Luftver-schmutzung_in_Europa_durch_Coronavirus-_Lockdown

www.oxfordmartin.ox.ac.uk/downloads/academic/The_Future_of_Employment.pdf

www.diepresse.com/1572380/die-15-stunden-woche-was-wurde-aus-keynes-vision

www.gaborsteingart.com/newsletter-morning-briefing/die-neue-normalitaet/?wp-nocache=true

www.goforward.com/how-it-works

www.zeit.de/news/2019-04/16/reiche-rentner-leben-laenger-190416-99-842499

www.spiegel.de/netzwelt/gadgets/sebastian-thrun-ueber-ki-und-europas-innovationschancen-a-1234845.html

www.zeit.de/wirtschaft/2013-08/fleisch-konsum-ressourcen

www.aok-bv.de/presse/medienservice/ratgeber/index_22687.html

www.pharmazeutische-zeitung.de/haeufigster-grund-fuer-berufsunfaehigkeit/

www.entwicklung-der-persoenlichkeit.de/resilienzforschung

www.brainperform.de/waldbaden-shinrin-yoku/

www.nytimes.com/2019/10/29/style/ok-boomer.html

https://bit.ly/3k3YYkJ

www.verbraucherzentrale.de/wissen/lebensmittel/auswaehlen-zube-
reiten-aufbewahren/lebensmittel-zwischen-wertschaetzung-und-
verschwendung-6462

www.theverge.com/2020/7/21/21332461/apple-carbon-neutral-
2030-climate-change

https://www.blackrock.com/corporate/about-us/leadership/larry-
fink

https://t3n.de/news/ki-neuer-openai-textgenerator-1301677/

www.zeit.de/2018/39/weltkonferenz-kuenstliche-intelligenz-shanghai-
technologie-china-usa

https://www.welt.de/politik/ausland/article181543616/Schule-in-
China-Peking-will-Nachhilfe-Boom-stoppen.html

www.winfuture.de/news,101864.html

www.horizont.net/tech/nachrichten/amazon-go-kassenlose-super-
maerkte-koennten-auch-nach-deutschland-kommen-179912

www.fidor.de/blog/gaming

www.iwd.de/artikel/gaming-erzielt-umsaetze-in-milliardenhoehe-
440882/

https://de.statista.com/outlook/203/137/videospiele/deutschland#
market-age

https://de.statista.com/outlook/203/137/videospiele/deutschland#
market-arpu

www.mein-mmo.de/fortnite-spielerzahlen-2019-bekannt/

www.handelsblatt.com/technik/forschung-innovation/sebastian-
thrun-deutscher-erfinder-des-google-autos-startet-bildungsini-
tiative-mit-bertelsmann/24255122.html

https://de.wikipedia.org/wiki/Thomas_Alva_Edison

www.edisontinfoil.com/stollwercks.htm

www.auto-motor-und-sport.de/tech-zukunft/waymo-autonome-
autos-ohne-sicherheitsfahrer
https://de.wikipedia.org/wiki/Tiny_House_Movement
https://bit.ly/39RR612

Die Publikation enthält Links auf Webseiten Dritter, für deren Inhalte wir keine Haftung übernehmen, da wir uns diese nicht zu eigen machen. Wir verweisen lediglich auf den Stand zur Erstveröffentlichung im Oktober 2020.

Edel Books
Ein Verlag der Edel Germany GmbH

Copyright © 2020 Edel Germany GmbH
Neumühlen 17, 22763 Hamburg
www.edelbooks.com

Projektkoordination: Svetlana Romantschuk
Lektorat: Roland Rödermund
Autorenfoto: © Oliver Leisse
Illustrationen im Innenteil: Oliver Leisse
Kapitelillustrationen: Lea Leisse
Layout und Satz: Datagrafix GSP GmbH, Berlin | www.datagrafix.com
Umschlaggestaltung: Tania Bömers | Designery | www.designery.hamburg
Lithografie: Frische Grafik, Hamburg
Druck und Bindung: GGP Media GmbH, Pößneck

Alle Rechte vorbehalten. All rights reserved. Das Werk darf – auch teilweise – nur mit Genehmigung des Verlages wiedergegeben werden.

Printed in Germany

ISBN 978-3-8419-0755-4